Awa Thiam

Die Stimme
der schwarzen Frau

Vom Leid
der Afrikanerinnen

Deutsch von
Chantal Doussain
und Anneliese Strauss

Rowohlt

rororo aktuell – Herausgegeben von Freimut Duve
Deutsche Erstausgabe

Frauen aktuell
Herausgegeben von Susanne v. Paczensky

Wir gehen davon aus, daß der Kampf um Menschenrechte notwendig auch ein Kampf um Frauenrechte sein muß. Wir wissen, daß Frauen speziellen Formen der Unfreiheit und der Ungerechtigkeit unterworfen sind, daß ihre Beteiligung am politischen Handeln auf besondere Hindernisse stößt. Diese Hindernisse sichtbar zu machen, wo möglich abzubauen – durch Erfahrungsberichte, Erklärungsversuche und Lösungsvorschläge – ist das Ziel von «Frauen aktuell».

14.–16. Tausend Dezember 1983

Veröffentlicht im Rowohlt Taschenbuch Verlag GmbH,
Reinbek bei Hamburg, September 1981
Copyright © 1981 by Rowohlt Taschenbuch Verlag GmbH,
Reinbek bei Hamburg
Die Originalausgabe erschien unter dem Titel
«La parole aux négresses» in der Reihe «Collection Femme»
© 1978 by Éditions Denoël / Gonthier, Paris
Alle Rechte vorbehalten
Umschlagentwurf Werner Rebhuhn (Foto der Autorin: Jacques Robert)
Satz Bembo (Linotron 404)
Gesamtherstellung Clausen & Bosse, Leck
Printed in Germany
780–ISBN 3 499 14840 4

Inhalt

Ich danke

meinem Vater, daß er mir die Nachforschungen über den Ursprung von Beschneidung und Infibulation ermöglicht hat, sowohl im Koran und den Hadiths, als auch in verschiedenen arabischen Texten;

meiner Mutter, die mich ermutigt hat und die Kontakte zu einigen Frauen geknüpft hat;

meinen Onkeln, Tanten, Cousins und Cousinen aus Guinea und Mali, meinen Brüdern und Schwestern aus Ghana, aus Nigeria und von der Elfenbeinküste, die mir auf die eine oder andere Weise bei der Arbeit geholfen haben;

allen Frauen, die sich mir anvertraut haben.

Zwischen Freiheit und Sklaverei gibt es keinen Kompromiß.

Patrice Lumumba

Wie etwa ein Tropfen im Meer, wenn nicht eine
Träne im Ozean,
muß man
was alle Frauen leise denken, laut sagen
Verbrechen, deren Opfer die Frauen sind,
Verstümmelungen, die die Frauen schicksalhaft
erdulden, anzeigen
auf allen Ebenen Widerstand entgegensetzen
   einen aktiven Widerstand
   einen wirksamen Widerstand
gegen jede Unterdrückung
woher sie auch kommen mag – zu jeder Zeit.
Nur eine Vielzahl von Stimmen,
eine Vielzahl von Widerständen,
eine Vielzahl von Wünschen nach Veränderung
unzählig viel guter Wille
   der Wille, anders zu leben, könnten das Gesicht der
Welt, wie es sich heute zeigt, verändern
   nur so kann der Unterdrückung und der
ungeheuerlichen Ausbeutung, die die Frauen erleiden,
ein Ende bereitet werden, der Unterdrückung und der
Ausbeutung, die das tägliche Los der Frauen waren
und heute noch sind. Die Macht wird bestehen in der
Vielzahl der Stimmen, der Menschen von
entschlossenem Bewußtsein, nach einer radikalen
Veränderung aller zur Stunde verkrusteten sozialen
Strukturen, oder es wird sie nicht geben.

I. Die Schwarzen ergreifen das Wort

Lange haben die schwarzen Frauen geschwiegen. Wird es nicht Zeit, daß sie ihre Stimme entdecken, daß sie das Wort ergreifen oder wiederergreifen, sei es auch nur, um zu sagen, daß es sie gibt, daß sie menschliche Wesen sind – was nicht immer offensichtlich ist – und daß sie ein Recht auf Freiheit, auf Achtung und auf Würde haben?

Haben die Negerinnen bereits das Wort ergriffen? Haben sie schon von sich hören lassen? Ja, manchmal, aber immer nur mit dem Segen der Männer. So hatte ihr Wort nichts von dem Wort einer Frau. Es sagte nichts über die Frau, nichts über ihre Kämpfe, über ihre grundlegenden Probleme. Einstmals konnten die Schwarzafrikanerinnen ein Wort mitreden, wenn es galt, wichtige Entscheidungen zu treffen. Man erinnere sich an Zingha, Amazone und Kriegerin, die erste Widerstandskämpferin gegen die portugie-

---

1 *Vgl.* Kake (Abrahima Baba), *Anne Zingha*, 3. 7. 6., Paris, 1975.

sische Kolonisation in Angola im 17. Jahrhundert[1], oder an Aoura Pokou, Königin der Baluba.

Die Frauen müssen sich ihre Stimme, ihre wahre Stimme wieder aneignen. Dies geht nicht ohne Schmerzen ab, weil die Privilegierten, die sie benutzen – die Männer – großen Wert darauf legen, sie zu behalten. Sollten sie eine Gefahr erahnt haben, als sie die Bedeutung der gegenwärtigen Bewegungen zur Befreiung der Frauen erkannten? Auf jeden Fall reagieren sie. Sie warnen die Frauen; sie bedrohen sie. Zum Beweis: die Rede, die der Ministerpräsident des Senegal, Abdou Diouf, anläßlich des ersten senegalesischen Frauentages im März 1972 gehalten hat: «Ihr habt der Versuchung eines aggressiven und sterilen Feminismus widerstanden, der darauf abzielt, euch zu mißgünstigen und verklemmten Rivalinnen des Mannes zu machen . . .»

Der Prozeß des Feminismus ist in vollem Gange. Daß Abdou Diouf den Feminismus als etwas Aggressives wahrnimmt, ist nicht erstaunlich, aber daß er ihn als steril wahrnimmt, beweist, daß er nichts verstanden hat und/oder daß er nichts verstehen will. Der Feminismus ist nur von revolutionärer Aggressivität. Und, da revolutionär, kann er nicht steril sein. Im Klartext: Was aus diesem Zitat hervorgeht und was nicht gesagt wird: «Widersteht der Versuchung des Feminismus . . .»

Nach diesem strikten Befehl fährt der senegalesische Ministerpräsident fort: «. . . um euch würdig zu gleichen Partnern zu machen.» Wir hätten doch zu gerne gewußt, worin diese Gleichheit besteht. Wie kommt sie konkret zum Ausdruck: durch die Ernennung von einigen weiblichen Abgeordneten, durch den Zutritt einer winzig kleinen Minderheit zu öffentlichen Ämtern, durch das uneingeschränkte Recht, die Ehefrau oder die Ehefrauen auszubeuten und auszupressen, oder durch die Polygamie, die auf Kosten der Frauen eingeführt wurde? Durch ungleiche Bildungschancen (Ablehnung von Stipendien für Schülerinnen und Studentinnen). Die Zahlen der UNESCO[2] über den Analphabetismus der Mädchen in Schwarzafrika sprechen Bände. Und wird die Bäuerin der Reisfelder in Senegal von «ihrem Mann» oder von den anderen senegalesischen Männern als gleiche Partnerin angesehen? Wozu führt eine solche Gleichheit? Zu einem Umsturz der Macht? Nein. Das ist es nicht, was die Schwarzafrikanerinnen

---

2 *Annuaire statistique*, UNESCO, 1974.

zur Stunde wollen. Sie wollen eine echte Gleichheit, in Rechten und Pflichten.

Die Schwarzafrikaner haben sich lange darin gefallen und gefallen sich noch immer darin, die Schwarzafrikanerinnen hinters Licht zu führen. Diese Kampagne der Irreführung muß aufhören. Die Probleme der Schwarzafrikanerin sind in ihrer Gesellschaft stets geschickt versteckt und verdrängt worden, und zwar entweder von den Regierenden oder von reaktionären oder pseudorevolutionären Intellektuellen.

Es kommt nicht mehr in Frage, von diesen Problemen abzusehen, und schon gar nicht unter dem Vorwand, den man uns am häufigsten vorhält: die Befreiung der schwarzen Völker sei bei weitem wichtiger als die der Frauen. Wir gehen über das Rassenproblem hinaus, weil wir uns nicht nur als Negerinnen, als Schwarzafrikanerinnen sehen, sondern ebenso als Bestandteile der Menschheit, unabhängig von jeder rassischen Eingrenzung. Dieser Menschheit entnehmen wir nur die Existenz von sozialen Klassen und von zwei Kategorien von Individuen: Männern und Frauen, die beide in einer widerstreitenden Beziehung von Unterdrücker und Unterdrückte leben.

Aber das ist nicht alles. Man hat, oder besser, die Männer haben das Frauenproblem oft als zweitrangiges Problem hingestellt. Wer definiert diese Rangfolge? Die Männer, die sie uns auferlegen. Diese Rangfolge ist in einem System errichtet, welches zuläßt, daß all die Unterdrückung und Ausbeutung besiegelt wird, die das patriarchalische System der Frau auferlegt, was das Geschlecht anlangt, sowohl im Bereich der Partnerschaft als im Bereich der Arbeitsplanung. Sollte man sie nicht in Frage stellen, sowie auch neu definieren?

Ist es nicht an der Zeit, daß die Negerinnen es wagen, das Wort zu ergreifen und zu handeln? Müssen sie sich dieses Recht nicht nehmen, ermutigt durch das starke Verlangen, ihrer elenden Situation ein Ende zu setzen?

Das Wort ergreifen, um sich zu wehren. Das Wort ergreifen, um seine Weigerung, seinen Aufstand zu erklären. Das Wort in die Handlung überführen, indem man die theoretische Praxis mit der praktischen Praxis verbindet.

Doch wer sind die Negerinnen? Man hat viel über sie, ihre Sitten und Gebräuche geschrieben. Aber nur wenige Autoren haben objektiv berichtet. Die Neger, denen es möglich war, über Schwarzafrika, über die schwarzafrikanische Kultur zu schreiben, haben sich oft von der Negerin abgewandt, oder doch zumindest sehr wenig mit ihr beschäftigt. Und wenn sie sich für sie interessierten, dann um sie zu loben, sie als Schönheit zu besingen, als «Weiblichkeit», als «Sexualobjekt», als Muse und leidende Mutter, oder um ihre Beziehungen zum Weißen und zum Neger zu analysieren, oder ihr den Prozeß zu machen und sie zu den Wilden zu verbannen.

Besungen und gelobt wurde sie von den Dichtern der «Negritude». Psychoanalysiert wurde sie teilweise – in ihrer Beziehung zum Weißen und zu ihrem Artgenossen – unter anderem von Frantz Fanon.[3] Beschimpft, verdammt und/oder verkannt wurde sie von den Kolonialherren, den Neokolonialherren und der Mehrzahl ihrer schwarzen Brüder. Doch was nützt es, über die schwarze Frau zu schreiben, wenn wir selbst hierdurch nicht erfahren, wer sie *wirklich* ist. Es liegt an den Negerinnen selbst, Klarheit zu schaffen.

Um die Negerin, genauer gesagt, die Schwarzafrikanerin in ihrer Existenz und ihrer Wahrheit, zu erfassen, haben wir uns entschlossen, ihr an der Elfenbeinküste, in Guinea, in Mali, in Senegal, in Ghana, in Nigeria zuzuhören und sie selbst zu Wort kommen zu lassen. Bedeutet das, daß sie bisher sprachlos war? Es ist bekannt, daß die Frau in patriarchalischen Gesellschaften nichts zu sagen hat. Unter dem Joch der Polygamie, zwangsverheiratet, beschnitten, infibuliert oder nicht, widmen sich die Schwarzafrikanerinnen, wenn sie keiner bezahlten Tätigkeit nachgehen, je nach ihrer Zugehörigkeit zu dieser oder jener Kulturgemeinschaft, der Landwirtschaft (Reis, Baumwolle, Hirse, Erdnüsse ...) und erfüllen ihre Aufgaben im Haushalt. Diese sind heutzutage unendlich schwer. Da die Schwarzafrikanerin keine Geräte benutzt, die in der Konsumgesellschaft üblich sind und die sie ein wenig entlasten könnten, muß sie ihr sehr viel Zeit opfern, sie zu erledigen. Diese Arbeiten sind mühsam auszuführen. Etwa beim Zerstoßen der Hirse, bei der Zubereitung des Couscous auf der Grundlage von Hirsemehl, beim Sammeln von dürrem Holz für das Feuer, bei der Zubereitung der Speisen, bei der Wäsche ... Die Durchschnittsafrikanerin kennt weder einen Küchenherd noch einen Kühlschrank noch einen Elektroquirl[4] und andere Haushaltsgeräte.

---

3 *Schwarze Haut, weiße Masken*, Syndikat, Frankfurt a. M. 1980.

4 Haushaltsgeräte, die selbst für die Proletarierin der europäischen Staaten erschwinglich sind.

Welche Möglichkeiten, aktiv zu werden, bieten sich der Schwarzafrikanerin angesichts dieser Probleme, die sie erdrücken? Zunächst muß der Mythos vom Matriarchat in den schwarzafrikanischen Gesellschaften zerstört werden. Wenn man etwa meint, die Macht der Frauen bestehe darin, über Heirat der Kinder teilweise oder ganz zu entscheiden und/oder die Arbeit im Haushalt und den Unterhalt der Familie zu regeln, so ist dies ein schwerwiegender Fehler. Ein gleicher Fehler wäre es, wollte man das matrilineare System schon Matriarchat nennen. Wenn eine Frau nur das Recht hat, keine Rechte zu haben, hat sie keinerlei Recht.

Sie hat keine wirkliche Macht, aber sie hat eine Pseudomacht. Solange sie ihrem Mann nicht hinderlich ist, kann sie handeln. Solange sie das kapitalistische System nicht stört, kann sie existieren. Folglich ist das, was sie für Macht halten könnte, nichts als Illusion. Die großen Entscheidungen liegen beim Mann, ohne daß die Frau daran beteiligt wird. Der Neger in Schwarzafrika verfügt nicht nur über sein Leben, sondern auch über das seiner Frau. Dieser Zustand herrscht vor allem in den islamischen Gesellschaften, wo «die Frau nur durch die Vermittlung ihres Mannes ins Paradies kommen kann», anders ausgedrückt: nur weil er sie für sein eigenes Glück gebraucht.

Ist die Schwarzafrikanerin damit einverstanden? Beklagt sie sich in einer solchen Situation? Rebelliert sie? Stimmt sie blind dem zu, was «Gott-ihr-Mann» beschließt? Auch das werden wir zu erfahren versuchen, indem wir unseren schwarzafrikanischen Schwestern zuhören, wenn auch für zu kurze Zeit, um sie richtig kennenzulernen, so vielleicht doch lang genug, um uns selbst, über sie, besser, kennenzulernen.

Ihre Stimme erklingt in Form von Interviews, von denen wir jene ausgewählt haben, die uns am bedeutendsten erschienen sind.

Wer feministische Theorien erwartet, sollte von der Lektüre dieser Studie absehen. Es sind Schwarzafrikanerinnen, die sprechen. Sie drücken sich einfach aus, stellen ihre Probleme dar. Aus ihren Aussagen geht hervor, wie sie ihre Beziehungen zum Mann und den Alltag in ihrer Gesellschaft erleben. Glückliche und/oder unglückliche Erfahrungen: Worte und Leiden der Negerinnen.

Die Analyse, wenngleich theoretisch, ist nicht erschöpfend. Sollte diese Studie Kritik oder Anregungen hervorrufen, werden sie willkommen und bereichernd für weitere Arbeiten sein.

Yacine

Mein Vater ist Senegalese, gebürtig aus Mali. Meine Mutter ist Malierin. Ich bin dreißig Jahre alt. Bis zum Auseinanderbrechen der Föderation Malis, im Jahr 1960, lebte ich mit meinen Eltern im Senegal. Als mein Vater gestorben war, ging meine Mutter mit all ihren Kindern nach Mali zurück.

Mit achtzehn wurde ich mit einem Mann von der Elfenbeinküste verheiratet, der zu jener Zeit vorübergehend in Bamako lebte. Was auch immer meine Eltern mit mir vorhatten: ich hatte nie etwas mitzureden. Ich bin in diesem Geist groß geworden. Ich komme aus einer Schmiedfamilie. Ich habe nie eine Schule betreten, außer um dort meine beiden großen Kinder anzumelden. Mein Mann war ein Kleinhändler, der die Route Abidjan–Bamako–Wagadugu machte. Er hatte Abidjan schließlich als Wohnsitz gewählt, wohin ich ihm folgen mußte. Bei meiner Ankunft in Abidjan haben wir uns in einem Zimmer zur Untermiete eingerichtet. Ich habe mühsam versucht, mich diesem neuen Leben anzupassen, das mir so gut wie völlig fremd war. Ich mußte die Sprache der Baluba sprechen lernen und die der Senufo. Hingegen verstand ich mich ausgezeichnet mit den Mitgliedern der an der Elfenbeinküste ansässigen «senegalesischen Kolonie», da ich ihre Sprache verstand.

Wir hatten zwei Kinder, aber wir haben immer dasselbe kleine Zimmer beibehalten. Ich fing an, mich sehr beengt zu fühlen. Nach fünf Jahren Ehe wurde ich zum drittenmal schwanger. Während dieser Schwangerschaft brachte mein Mann, als er eines Abends gegen dreiundzwanzig Uhr von einer Reise zurückkam, sich eine junge Frau mit. «Das ist meine neue Frau, sie heißt X . . .», sagte er mir. «Du wirst uns das Bett überlassen müssen. Heute abend nimmst du die Matte, die dort in der Ecke liegt, für dich und die beiden Kinder», fügte er hinzu. Ich war wie betäubt. Träume ich? – fragte ich mich. Ich spürte, wie mir der Boden unter den Füßen wegglitt. Ich dachte, ich würde gleich ohnmächtig und setzte mich auf das Bett. Nein, ich träumte nicht. Ich mußte mein Lager an diese Neuangekommene, an meine Rivalin, abtreten. Welche Unverschämtheit? sagte ich mir im Innern. Was tun? Ich kam gar nicht dazu, mir über all das klarzuwerden. Wie ein Automat, halb im Schlaf, nahm ich die Matte und legte mich mit meinen beiden Kindern darauf. Ich hatte mich für Schweigen und Unterwerfung entschieden. Was hätte ich anderes tun können? Mich auflehnen? Wie sollte das aussehen? Versuchen, diese junge Frau aus dem Zimmer zu werfen? Mit meinem Mann einen Streit anfangen? Mich mit ihm schlagen? Nein – hätte ich es getan, hätte ich vielleicht das Leben des Kindes, das ich trug, wie auch mein eigenes gefährdet. Mir war in diesem Moment nur wichtig, es zu schützen. Von diesem Tag an nahm mein Dasein eine Wendung. Wie unwahrscheinlich es auch scheinen mag, ich entschied, mich zurückzuziehen. Die «Neuvermählte» machte für unseren Mann die Küche und die Wäsche. Das sind Beschäftigungen, deren sich die meisten Mitfrauen rühmen und auf die sie stolz sind, wenn das, was dabei herauskommt, von ihrem Mann anerkannt wird. Ich mußte mich nur noch um meine eigenen Angelegenheiten und um meine Kinder kümmern. Es war schwer, sich gegenseitig zu ertragen: ein Haushalt zu dritt mit zwei Kindern in einem einzigen Raum. Jeden Abend mutete mein Mann mir die Schmach zu, seine Liebestollereien mit meiner Mitfrau zu verfolgen. Nach einigen Tagen, als ich nicht mehr konnte, fragte ich meinen Mann – obgleich es nicht viel an der Situation änderte –, ob er damit einverstanden sei, wenn man eine spanische Wand aufstellte, die das Zimmer zweiteilen würde. Das würde seiner neuen Frau und ihm ermöglichen, ungestört alleine zu sein, in Augenblicken, in denen sie das Bedürfnis danach hätten. Er fand meine Idee ausgezeichnet, aber ich mußte das Geld geben, um die Kosten für diese Einrichtung zu decken. Danach waren sie mit mir sehr zufrieden.

Ich war im fünften Monat schwanger, als meine sogenannte Mitfrau in dieses Zimmer (mein Zimmer) einbrach. Die vier Monate, die ich mein drittes Kind noch austragen mußte, erschienen mir endlos, zumal die Umgebung, in der ich lebte, mich wahnsinnig machte. Ich mußte «gute Miene zum bösen Spiel machen», oder zumindest versuchte ich es. Ich kannte niemanden in dieser Stadt, dem ich mich hätte anvertrauen können. Ich beschränkte mich auf meine Tätigkeit im Haushalt. Zu den wenigen Menschen, mit denen ich sprach oder die ich mehr oder weniger kannte, hatte ich nicht so viel Vertrauen, als daß ich ihnen etwas hätte anvertrauen können. Zudem sieht man heutzutage nicht selten, wie die Menschen, denen man sich anvertraut, weit davon entfernt sind, deine Probleme lösen zu helfen; sie erzählen alles weiter, und meistens lachen sie hinter deinem Rücken über dich. Genau deswegen habe ich vermieden, in Abidjan enge freundschaftliche Beziehungen anzuknüpfen, einmal abgesehen von der Tatsache, daß meine soziale

Stellung dies gar nicht zugelassen hätte (die Freundschaft setzt eine gewisse Gleichrangigkeit voraus). Außerdem habe ich nie die anderen in meine häuslichen Probleme hineinziehen wollen, nicht einmal meine Mutter. Dies war vielleicht ein schwerwiegender Fehler. Aber was weiß ich?

Nach der Entbindung und der Taufe meines dritten Kindes faßte ich den Entschluß, zurück zu meiner Mutter nach Bamako in Mali zu gehen, wenn mein Mann dem entsetzlichen Leben, das er mir aufzwang, nicht ein Ende setzte. Die Tage vergingen. Es änderte sich gar nichts in unserem Haushalt zu dritt. Wirtschaftlich war ich völlig von meinem Ehemann abhängig. War ich auch auf ihn angewiesen, um von Abidjan wegzukommen? Ohne ihm etwas anzudeuten, noch ihn zu informieren, verkaufte ich den Goldschmuck – den mir mein Vater zu seinen Lebzeiten geschmiedet und geschenkt hatte –, um für mich und meine Kinder Fahrkarten von Abidjan nach Bamako zu besorgen und um etwas Taschengeld zu haben. Als ich zur Abreise bereit war, informierte ich ihn von meinem Entschluß: «Ich kann diese Art von Leben nicht mehr ertragen. Anstatt eine zweite Frau zu nehmen, hättest du besser daran getan, dich um den Unterhalt der Familie zu kümmern, die du schon hattest und für deine Kinder ein zweites Zimmer zu beschaffen. Jetzt, wo es nichts mehr zwischen uns gibt, möchte ich zurück in das Haus meiner Mutter in Bamako.» Seine Antwort war hämisch: «Das ist ja prima», sagte er, denn er dachte, es handelte sich um einen guten Scherz, da ich von ihm finanziell abhängig war. Von diesem Augenblick an war ich der Ansicht, daß ich ihm nichts mehr zu sagen hatte. Am selben Tag, nach dem Mittagessen, als er wegen seiner Geschäfte wieder in die Stadt gegangen war, habe ich die Kleider meiner Kinder und meine eigenen zusammengepackt sowie meine Küchenutensilien. Und ich bin weggegangen. Ich bin mit dem Bus gereist. Nach allerlei Schwierigkeiten kam ich nach Bamako. Die Müdigkeit und das Leid hatten mich zermürbt. Meine verblüffte Mutter empfing mich mit Tränen. Als ich ihr erzählt habe, wie mein Leben an der Seite meines Mannes war, konnte sie es nicht fassen. Einige Tage nach meiner Rückkehr hat mein Mann an meine Mutter geschrieben, um sich nach mir zu erkundigen. Später bekam ich von ihm einen Brief, in dem er mich bat, wieder zu ihm nach Abidjan zu kommen. Er versicherte, daß er mich immer noch liebte. Ich beachtete seinen Brief nicht, meine Mutter auch nicht.

Dann nutzte er die Reise eines Geschäftsfreundes nach Bamako, um ihn zu bitten, meine Mutter und mich aufzusuchen. Er sollte meine Mutter überzeugen, daß ich unbedingt zum ehelichen Wohnsitz zurückkehren müsse und daß sie den entsprechenden Druck auf mich ausübe. Denn in Schwarzafrika ist es Sitte, wenn eine Frau sich ihrem Mann widersetzt, den ehelichen Wohnsitz verläßt und in das Haus ihrer Eltern zurückkehrt, daß der Mann, wenn er noch an ihr festhält, sie holen kommt. Er kann auch einen Verwandten, einen Freund oder eine Gruppe von Beauftragten schicken, um mit den Schwiegereltern über die Meinungsverschiedenheit, die ihn in Widerspruch zu seiner Frau setzt, zu diskutieren. So geschah es im Fall einer Freundin aus Bamako. Zu Unrecht des Ehebruchs beschuldigt, hatte sie ihren Mann verlassen, um bei ihren Eltern Zuflucht zu suchen. Dort wurde sie, nachdem sie sich beklagt hatte, mit offenen Armen aufgenommen. Ihr Mann schickte unverzüglich eine Gruppe von Beauftragten zu ihren Eltern, die aber forderten, daß er selbst erscheine. Das tat er auch. Obwohl diese Frau nur sechs Tage bei ihren Eltern geblieben war, mußte doch der Mann 30000 Mali-Francs[5] zahlen, die ihr übergeben wurden. Die Summe ist eine symbolische Art zu sagen, daß es zwischen den Ehegatten keine Probleme mehr gibt, oder besser, daß der Konflikt, in dem sie sich gegenüberstanden, gelöst ist.

Ich habe sechs Monate bei meiner Mutter verbracht, bevor dieser Herr im Auftrag meines Mannes kam. Seit ich ihn mit meinen Kindern verlassen habe, habe ich keinen Pfennig von ihm erhalten. Wir lebten alle auf Kosten meiner Mutter, die eine renommierte Beschneiderin in unserem Viertel war. Man lebte von dem, was die Eltern der beschnittenen Mädchen ihr gaben, zumindest überlebte man. Deswegen sagte meine Mutter, als dieser Gesandte meines Mannes erschien: «Erstens muß Ihr Freund seiner Frau und seinen Kindern ihre sechs Monate Unterhalt zahlen, und zum anderen müssen wir gemeinsam bestimmen, unter welchen Bedingungen sie an ihren Wohnsitz zurückkehren kann.» – «Das wird er tun», versicherte er. Nun sind es drei Jahre her, und er hat immer noch nichts getan, weder für mich noch die Kinder. Ich konnte in der Zwischenzeit Geld verdienen, erst durch den Verkauf von Back-

---

5 Dadurch ist die Versöhnung unter den drei Parteien wirksam: dem Mann, der Frau und den Schwiegereltern. So kann man auch den Ehemann anspornen, gut auf seine Frau aufzupassen und sie bei sich zu behalten.
30000 FM: ca. 300 DM.

werk, dann von Lendenschurzen, die ich mit Indigo färbte; ich konnte mir leisten, an Nähkursen teilzunehmen. Jetzt bin ich Schneiderin, da der Handel mit Lendenschurzen in der heutigen Zeit schlecht geht. So sorge ich für mich, meine Kinder und komme meiner Mutter zu Hilfe.

Im Augenblick versuchen drei verheiratete Männer, Anhänger der Polygamie, vergeblich, mir den Hof zu machen, aber ich bin nicht bereit, mit dem erstbesten mitzugehen, obgleich mich meine Nachbarschaft lebhaft ermutigt, meinem Junggesellinnendasein ein Ende zu setzen. Ich warte darauf, einen guten Mann zu finden, zu dem ich Vertrauen haben kann.

Ein Jahr nachdem ich Abidjan verlassen hatte, habe ich erfahren, daß die, die mein Mann angeblich geheiratet hatte – was gar nicht der Fall war –, ihn wegen eines reichen Mannes verlassen hat. Damals habe ich von ihm einen letzten Brief bekommen, in dem er mir schrieb, daß er nur mich liebe, daß er von seiner Geliebten betrogen worden sei, daß er ruiniert sei, daß er mich brauche, daß er mich jetzt noch mehr liebe. Worte eines Reumütigen!

Zu Beginn dieses Jahres ist die religiöse Scheidung – auf meine Bitte hin – ausgesprochen worden.

Medina

Ich hatte das Glück oder das Unglück, daß ich in einer sehr traditionsbewußten Familie geboren wurde, die an den alten Werten und Gebräuchen festhielt. So wurde ich mit einem sogenannten Vetter verheiratet, der in Saudi-Arabien studierte und den ich niemals zuvor gesehen hatte. Ich war am Ende der elften Klasse im Gymnasium, als man mir mitteilte, daß mein Großvater, allmächtiger Marabu und von vielen, so auch von meinen Eltern, als «Gott Vater» angesehen, mich sehen wollte. Er hatte eine solche Autorität, daß seine Kinder, seine Neffen, seine Getreuen und all die, die ihm nahestanden, über seine Entscheidungen nicht diskutierten. Als ich, begleitet von meinem Vater und meiner Mutter, bei ihm angekommen war, sagte er mir nach den Begrüßungs- und Höflichkeitsformeln: «Du warst immer ein braves und folgsames Kind. Ich weiß auch, daß du eine gute Schülerin bist. Ich möchte dich nächsten Freitag (wir hatten Samstagabend) deinem Vetter zur Frau geben, der in Saudi-Arabien ist, wo er seinem Studium nachkommt. Du kennst ihn vielleicht nicht, aber er ist ein sehr ernster Junge, sehr fleißig und sehr gut erzogen. Er wird für dich ein ausgezeichneter Ehemann sein. Er wird im nächsten Jahr während der großen Ferien hier sein. Nach der Hochzeit mußt du mit ihm nach Saudiarabien gehen, oder ihr bleibt hier, bis er sein Studium beendet hat.» Ich war starr vor Verblüffung. Sich einem Befehl widersetzen, wenn sich selbst meine Eltern nie widersetzt hatten? Wie sollte ich das tun? Explodieren vor der Verneinung meines Wesens? Denn alles geschah, als würde ich gar nicht existieren; alles wurde entschieden, ohne daß ich ein Wort zu sagen hatte. Ich sperrte mich dagegen, die Ausnahme zu sein, die auf einmal alles in Frage stellen sollte, was von diesem religiösen Oberhaupt, meinem Großvater mütterlicherseits, ausging. Ich war wie vom Blitz getroffen, aber ich versuchte vergeblich, es zu verbergen, wie meine Erziehung und meine Umgebung es verlangen.

«Was hältst du davon?» fügte der alte Mann hinzu, indem er versuchte, mir eindringlich in die Augen zu sehen, um aus ihnen ein Entzücken, einen überglücklichen Gedanken zu lesen. Ich senkte demonstrativ die Augen. Denn bei mir, in der Gemeinschaft des Tukulor-Stammes, ist es ein Zeichen von Respekt, daß man den Älteren nicht in die Augen sieht. Er glaubte darin eine Zustimmung zu erkennen. «Nun, meine Enkelin, du bist einverstanden, nicht wahr?» sagte er. «Das ist sehr gut, sie ist einverstanden.»

Ich habe kein Wort gesagt. Ich fühlte mich zerrissen, hin und her gerissen zwischen dem Verlangen, *Nein* zu sagen, und dem, meine Eltern nicht vor den Kopf zu stoßen, aber mein Schweigen belastete meine ganze Zukunft ... Soviel ist sicher, daß meine Eltern sagten, als wollten sie ihre Zustimmung demonstrieren: «Vater, das ist eine gute Sache. Wir schätzen uns glücklich über Ihre Wahl und sind entzückt davon. Wir wissen Ihnen Dank dafür.» Danach haben wir uns zurückgezogen.

Also wurde ich verheiratet. Mein Ehemann war bei der Zeremonie nicht anwesend. (Er war immer noch in Saudi-Arabien). In Schwarzafrika ist es üblich, daß Eheschließungen in Abwesenheit des einen oder beider künftigen Ehegatten durch ihre Eltern vollzogen werden. Erst nachdem ich seine Frau geworden war, bekam ich einen Brief und ein Foto von meinem Mann. Die Ferien gingen zu Ende. Ich kehrte ins Internat des Gymnasiums zurück, das an einem anderen Ort als mein Elternhaus lag. In jenem Jahr ging ich in die

12. Klasse. Damals war ich verliebt, irrsinnig verliebt in einen Jungen, der Demba hieß. Er war Student. Wir sahen uns an jedem Wochenende. Er studierte an der Universität Dakar. Er ließ sich von einem Onkel, der während der Woche in Dakar arbeitet, nach Saint-Louis mitnehmen, wo sich mein Gymnasium befand. Da ich in Demba vernarrt war, konnte ich mich kaum mit dem Gedanken anfreunden, mein Leben mit einem anderen Mann zu teilen. In mir keimte ein Gefühl der Empörung, genährt durch meine Liebe zu Demba und seine Erwiderung. Am Ende des Schuljahrs war in meinen Augen alles klar. Ich ertrug diese Ehe mit meinem Vetter nicht mehr – eine Ehe, die vollzogen werden sollte, sobald er aus Saudi-Arabien zurück war.

Als ich wieder bei meinen Eltern war, zögerte Demba nicht, mich dort oft zu besuchen. Aber mein Vater, der ein feiner Beobachter und Psychologe ist und ein Mann, der kein Blatt vor den Mund nimmt, bat mich eines Tages, als Demba und ich uns im Salon befanden, die beiden alleine zu lassen. Er gab ihm deutlich zu verstehen, daß ich verheiratet sei und daß er aus diesem Grunde nicht mehr wünsche, ihn so häufig bei sich zu sehen.

Nach dieser Klarstellung ging Demba fort, was nicht verhinderte, daß wir uns anderswo wiedersahen. Schließlich kam der Monat, in dem mein Mann ankommen sollte, dann die Woche, in der die Ehe vollzogen werden sollte. Ich hatte mich gleich, als ich in den Ferien nach Hause gekommen war, einem meiner großen Brüder anvertraut und ihm gesagt, daß ich den Mann, der mir als Ehemann gegeben worden war, nicht liebte und daß ich diese Ehe nicht wollte. Er sagte mir sehr verständnisvoll: «Da es nun mal so ist, wird die Ehe nicht vollzogen werden.[6] Du wirst dich scheiden lassen und dich mit dem Mann wiederverheiraten, den du liebst.» Ich war beruhigt, beruhigt wie die Patienten, die nach einer Arztvisite durch die Lügen des Arztes beruhigt sind. Ich fühlte mich gestärkt, ich hatte in meinem Bruder einen Verbündeten gefunden. Er suchte meine Mutter auf, um ihr meinen Entschluß mitzuteilen. «Unmöglich?» sagte sie. «Davon hat sie uns nie etwas gesagt.»

Meine Mutter glaubte zuerst, es sei ein schlechter Scherz. Aber als sie mich rief, wurden ihr sehr bald meine Gefühle klar. Mein Vater wurde informiert. Unverzüglich ließ er mich kommen sowie mei-

---

6 In Schwarzafrika entspricht die Hochzeitsfeier dem Vollzug der Ehe, die vorher oder am selben Tag geschlossen worden sein kann.

nen großen Bruder und meine beiden Schwestern, von denen man annahm, daß sie mich bei meinem Entschluß unterstützten. Er wiederholte in etwa die gleichen Worte, die meine Mutter während der Diskussion mit meinem großen Bruder gebraucht hatte. «Du warst einverstanden, als dein Großvater dich in die Ehe mit deinem Vetter versprochen hat. Du wirst doch nicht kurz vor der Hochzeit angebliche Probleme erfinden. Ich will von diesen unheilvollen Plänen nichts mehr hören. Was dich betrifft, Moussa (mein großer Bruder), kümmere dich um deine eigenen Angelegenheiten. Ich will nicht, daß man noch irgendwelche Klagen von dir hört, und das gilt auch für jede, die hier anwesend ist», sagte er und meinte meine Schwestern. Da unser Vater eine große Autorität über uns hatte, brachte niemand den Mut auf, noch ein Wort hinzuzufügen, außer meinem großen Bruder, mein Vertrauter. Er begann, meinen Standpunkt zu vertreten, aber unser Vater verbot ihm den Mund und drohte, ihn zu schlagen. Ich hätte gern die Kraft gehabt, mich meinem Vater zu widersetzen. Aber es war zu spät. Ich fühlte mich nicht stark genug, ihm alleine gegenüberzutreten. Von diesem Augenblick an lehnte ich alles ab, was man mir zu essen gab, und begann damit eine Art Hungerstreik. Ich fand Mittel und Wege, bei einer Freundin, die ganz nah von uns wohnte, gelegentlich eine Mahlzeit zu mir zu nehmen, oder aber ich aß in Eile ein Sandwich in einer der kleinen maurischen Imbiß-Buden, die zahlreich in Dakar sind. Am dritten Tag meines «Hungerstreiks» wurde ich wieder zu meinem Vater gerufen. Er sprach zu mir im Beisein meiner Mutter: «Was fällt dir ein? Seit zwei Tagen hast du zu Hause nichts mehr gegessen, ich möchte den Grund dafür wissen. Bist du krank? Was ist eigentlich los?» – «Es ist nichts», antwortete ich. – «In diesem Fall wünsche ich, daß du in Zukunft deine üblichen Mahlzeiten normal einnimmst. Und vor allem vergiß nicht, daß in drei Tagen deine Hochzeit stattfindet.»

«In drei Tagen, man wird ja sehen», sagte ich mir entschlossen. Am nächsten Tag weigerte ich mich immer noch, meine Mahlzeiten einzunehmen. Es war Zeit zum Mittagessen. Ich saß in meinem Zimmer, als mein Vater über mich herfiel und mich mit einem großen Stock schlug. «Machst du dich über mich lustig? Ich habe dir gesagt, daß ich es nicht mehr mit ansehen werde, wie du die Nahrung verweigerst. Seit drei Tagen bist du starrköpfig. Wir werden schon sehen, ob du heute ißt oder nicht.» Ich heulte unter seinen Schlägen. Meine Mutter und meine Brüder stürzten ins Zimmer und versuchten, meinen tobenden Vater zu bändigen, der mit ungewöhnlicher Wut über mich herfiel. Offensichtlich mußte er sich in seiner Eigenliebe, seinem Vaterstolz getroffen fühlen. Seine «heilige» Autorität wurde in Frage gestellt. Das ließ er nicht zu. Genauso wenig wie ich es zuließ, daß dieser Ehemann, ungesehen und unbekannt, sich in mein Leben drängte.

«Ich bring sie heute um», sagte er in einem Wutausbruch. Trotz alledem gelang es mir, aus dem Zimmer zu entwischen. Ich schrie laut, daß ich meinen Mann nicht wolle, während meine Mutter und meine Brüder versuchten, meinen Vater zu beruhigen. Ich floh aus dem Haus, aber da ich keinen Skandal auslösen wollte, lief ich nur bis zu unserem Nachbarhaus. Dort blieb ich.

Einige Augenblicke später kamen mir meine Brüder nach, bedauerten mich und baten mich, wieder nach Hause zu kommen. Meine Mutter schickte eilig die Hausgehilfin zu einer ihrer besten Freundinnen, die auch mir vertraut und fast eine zweite Mutter war. Sie brachte mich schließlich nach Hause zurück, nachdem sie sich vergewissert hatte, daß mein Vater mich nicht mehr schlagen würde. Die Situation hatte sich für mich nicht verändert. Meine Eltern gaben mir in allem nach, außer in dem, was wirklich für mich zählte: der Scheidung. Schließlich, um jeden Einwand zunichte zu machen, war ihr bevorzugtes Argument: «Sie ist nicht die erste, die verheiratet wurde, ohne gefragt zu werden – wo sie auch noch ihre Zustimmung gezeigt hat, als ihr Großvater die Heirat vorgeschlagen hat, und sie wird nicht die letzte sein. Ihre Cousine K ... wurde ebenfalls mit einem Mann verheiratet, den sie zuvor noch nie gesehen hatte. Und trotzdem ist sie sehr glücklich mit dem hübschen kleinen Jungen, den sie bekommen hat.» – «Ah», sagte ich mir, «wenn die Tatsache, ein Kind zu haben, ein Zeichen für eheliches Glück ist, dann ist es wohl einfach, das Glück zu finden – es sei denn, man ist steril.»

Dann nahm mich die Freundin meiner Mutter beiseite, um in Ruhe das Problem zu besprechen. Sie sprach auch mit meinen Eltern. Schließlich kam sie zu mir zurück und sagte: «Dein Vater ist fest entschlossen, dich zu töten und sich selbst umzubringen, wenn du dich weigerst, der Entscheidung zu gehorchen, die dein Großvater getroffen hat. Man muß ihn verstehen. Er war seinen Eltern und deinem Großvater gegenüber stets sehr gehorsam. Erinnerst du dich, er hat auch zugestimmt, daß eine deiner Cousinen deinem Bruder zur Frau gegeben wurde, der sich zur Zeit Tausende von

Kilometern von hier entfernt befindet. Er wird bald an die Dreißig sein, während deine Cousine erst vierzehn Jahre alt ist. Sei nicht verzweifelt. Wenn es stimmt, daß ich für dich eine gute Freundin bin, sogar eine «kleine Mutter», dann darfst du mir meine einzige Bitte nicht abschlagen: Deinen Vater um Verzeihung bitten und ihm sagen, daß du die Heirat akzeptierst.» Mir schnürte es das Herz zu. Selbst meine gute Freundin steckte mit meinen Eltern unter einer Decke. In meinem Innersten fühlte ich eine große Einsamkeit. Ich liebte meinen Vater sehr, denn er ist ein aufrechter, loyaler und ehrenhafter Mann, der immer versucht hat, meinen Brüdern und mir den Sinn für absoluten Gehorsam den Eltern und Älteren gegenüber beizubringen. Aber ich liebe auch mich ... Ich weiß nicht, wie es kam, ich habe schließlich nachgegeben.

Der Tag X, der Tag der Hochzeit kam. Für die Feierlichkeiten hatte mein Großvater meinen Eltern Schafe geschickt; auch für die Gäste waren Schafe gekauft. Von morgens bis abends kamen Verwandte[7] von überall her an. Als der Abend hereingebrochen war, wurde das Essen aufgetragen. Die Freunde meines Mannes waren anwesend, aber da mir nicht nach Feiern zumute war, hatte ich keine einzige meiner Freundinnen eingeladen. Immerhin waren die meisten meiner Cousinen da. Umgeben von einigen Verwandten, von Freunden meines Mannes, die sich in Albernheiten gefielen, habe ich mit meinem Mann zu Abend gegessen. Gegen Mitternacht gingen die ersten der Eingeladenen. Dann holte mich die Freundin meiner Mutter, meine «kleine Mutter»[8], um mir Ratschläge zu geben, bevor sie mich in das Brautgemach führte. Am nächsten Morgen, sehr früh, kamen einige meiner Tanten zurück ins Haus. Alle waren entzückt zu erfahren, daß ich Jungfrau war. Man sorgte sich nicht besonders darum, was ich erduldet hatte. Ich sage bewußt erduldet, denn die Jungfernschaft einem Mann zu opfern, den man nicht liebt und den man nicht kennt, bedeutet praktisch, sich vergewaltigen zu lassen. Todunglücklich habe ich mich von diesem Mann nehmen lassen. Ich sehe noch immer den weißen Lendenschurz, den ich in meiner Hochzeitsnacht trug. Diesen blutbefleckten Lendenschurz, den meine Tanten stolz als Zeichen meiner Jung-

---

7 Die afrikanische Familie umfaßt nicht nur die Eltern (Vater und Mutter) und die Kinder, sondern auch die Großeltern, die Onkel, die Tanten, die Cousins und Cousinen usw.

8 Einer Patin entsprechend.

fräulichkeit vorzeigten. Wenn ich daran zurückdenke, sage ich mir, daß ich besser daran getan hätte, mit Demba meine Jungfräulichkeit zu verlieren. Das hätte meine Tanten in Verlegenheit gebracht; aber vielleicht hätten sie auf den bekannten Trick zurückgegriffen, daß man das Blut eines Huhnes über dem Lendenschurz der Braut vergießt. So kann man «die Ehre» der Familie retten, falls die Jungvermählte sich vor ihrer Hochzeit Freiheiten herausgenommen hat.

Wie es die Tradition verlangt, dauerten die Festlichkeiten eine Woche, während der Austausch von Geschenken zwischen der Familie meines Mannes und der meinen stattfand. Ich habe nach meiner Hochzeitsnacht keine Beziehungen zu meinem Mann mehr zugelassen. Da ich meine Eltern nicht zur Scheidung überreden konnte, hoffte ich, durch meine unversöhnliche Haltung meinen Mann schnell darauf zu bringen, daß er von sich aus diese Lösung befürwortet. Tatsächlich war er wenig zufrieden mit seiner neuen Frau und setzte dieser Heirat ein Ende, wenige Tage nach Beendigung der Festlichkeiten.

Schließlich war das eingetreten, was ich kaum zu hoffen wagte. Ich war die erste, die eine Entscheidung meines Großvaters in Frage gestellt hatte, der nach seinem Willen Söhne, Neffen, Töchter genauso wie Nichten und Enkel verheiratete. Das einzige, was ich revolutionär an ihm fand, ist, daß er von den Freiern nur einen sehr geringen Brautpreis verlangte, wo es nicht selten in meinen Kreisen ist, daß man von dem zukünftigen Ehemann bis 50000 oder 100000 Francs[9] fordert, wenn nicht mehr. Mein Großvater versäumte nicht, dem Bewerber zu erklären: «Ich verkaufe dir keine Ware. Ich gebe dir meine Tochter (meine Nichte oder meine Enkelin) zur Frau.» Wenn die Eltern des Bewerbers darauf bestanden, daß er einen höheren Brautpreis annähme, antwortete er: «Behalten Sie das Geld. Man wird es im Haushalt brauchen können. Es wird Ihnen nicht an Gelegenheit fehlen, es auszugeben.»

Trotz allem hatte mein Großvater gute Eigenschaften. Er hatte ein sehr ausgeprägtes Gefühl für Menschlichkeit (so wie er es verstand). Er hielt stärker an den menschlichen Tugenden fest als an materiellen Gütern. Aber sein allgemeines Weltbild stimmte mit dem meinen nicht überein.

---

9 50000 F C.F.A. = ca. 500 DM; 100000 F C.F.A. = ca. 1000 DM. In Anbetracht des Durchschnittseinkommens der Senegalesen mag diese Summe sehr hoch erscheinen.

Tabara

Ich bin dreiunddreißig Jahre. Mit sechzehn Jahren bin ich zum erstenmal mit einem Mann verheiratet worden, den ich mir nicht selber ausgesucht hatte, einem Förster. Zu diesem Zweck hat man mich vom Gymnasium genommen. Nach zwei Jahren war das Leben an der Seite dieses Mannes, der zehn Jahre älter war als ich, eine Hölle. Beim geringsten Konflikt, den wir miteinander hatten, schlug er mich. Wir haben uns schließlich scheiden lassen. Doch in unserem ersten Ehejahr hatte er mir ein Kind gemacht.

Drei Jahre nach dieser katastrophalen Ehe, das heißt als ich neunzehn war, habe ich mich in einen verheirateten Mann verliebt. Er ließ sich von seiner ersten Frau scheiden, um mich zu heiraten. Mit ihm habe ich an das vollkommene Glück geglaubt. Wir haben drei Kinder bekommen. Ich ging nicht arbeiten. Ich kümmerte mich um unser Haus und unsere Kinder. Mein Mann verdiente genug für den Unterhalt. Mir gefiel dieser Status als Hausfrau, obgleich ich mich wegen meiner wirtschaftlichen und finanziellen Abhängigkeit von ihm zuweilen unbehaglich fühlte. Es kam vor, daß ich mir Sachen versagte, die ich gerne gekauft hätte oder die ich gerne gemacht hätte. Mein Mann war neun Jahre älter als ich. Er war Beamter.

Unsere Liebe entwickelte sich sehr gut, bis zu dem Tag, an dem er begann, spät am Abend oder zu ungewohnten Zeiten am Wochenende auszugehen. Mir wurden seine Ausreden allmählich zuviel. Als ich seine Eskapaden nicht mehr ertragen konnte, habe ich mit ihm Streit angefangen. Die Woche danach war er friedlicher. Er vermied zunächst sein häufiges Ausgehen. «Man muß das Eisen schmieden, solange es heiß ist», sagte ich mir. Aber ich mußte schnell klein beigeben, denn die Woche danach nahm er seine schlechten Angewohnheiten wieder auf. An den Abenden, allein in einem Haus am Stadtrand von Dakar, mit den schlafenden Kindern, besiegten Eifersucht und Angst meine Vernunft. Um mich weniger einsam zu fühlen, ließ ich meine jüngeren Schwestern und eine meiner jüngeren Cousinen kommen. Ich versuchte geduldig zu sein, aber vergeblich. Zwei Monate vergingen. Mein Mann nahm sich immer mehr Freiheiten heraus. Unsere Beziehungen besserten sich nicht. Es wurde immer schlimmer zwischen uns. Verzweifelt habe ich schließlich beschlossen, wieder nach Hause zu meinen Eltern zu gehen. Ich teilte es meinem Mann mit. Von neuem nahm er sich zusammen. Zu dieser Zeit war ich im sechsten Monat schwanger. Er ging zwar ohne mein Wissen aus, aber nicht übertrieben oft.

Drei Monate später wurde ich von meinem vierten Kind entbunden. Das dritte, das ich meinem Mann schenkte. Nach meiner Entbindung hatte ich meinen Mann um Erlaubnis gebeten, einen Monat bei meinen Eltern verbringen zu dürfen (die Zeit, mich «zu erholen» und wieder in Form zu kommen). Es geschieht tatsächlich häufig, daß junge Frauen sich nach der Entbindung einige Zeit bei ihren Eltern ausruhen. Für mich gab es nichts Normaleres, es ebenso zu machen. Als ich von diesem Urlaub zurück war, hatte ich die Rolle einer «Wachhündin» zu spielen. Die Beziehungen zu meinem Mann verschlechterten sich von Tag zu Tag. Er hatte sich eine Geliebte genommen. Ich habe es sehr schnell bemerkt. Ich wußte nicht, was tun. Ich liebte meinen Mann, und ich hatte keine Lust, mich scheiden zu lassen. Ich entschloß mich, zu kämpfen. Aber je versöhnlicher ich mich zeigte, desto unerträglicher wurde er zu mir. Je mehr ich mich in Geduld übte, desto mehr schien er entschlossen, mich auf die Probe zu stellen, wenn nicht gar, mich zu provozieren. Ich fühlte mich im Stich gelassen. Am Ende mit den Nerven, habe ich mich erneut scheiden lassen. Man sollte hier anmerken, daß, unabhängig von der Haltung und dem Betragen meines Mannes, die Beziehungen zu meinen Schwägerinnen für mich keineswegs ermutigend waren. Ich war ihnen unsympathisch. Sie verpaßten keine Gelegenheit, bei meinem Mann, der sich seinen Eltern, Brüdern und Schwestern sehr verbunden fühlte, gegen mich zu sticheln.

Ich befand mich wieder einmal bei meinen Eltern, geschieden, aber nicht mit einem Kind, sondern mit vier. Zum Glück konnten meine Eltern für meine Bedürfnisse und die meiner Kinder aufkommen. Meine beiden Ex-Ehemänner zahlten mir keinen Unterhalt. Ich verzichtete gern darauf. Ich wünschte jedoch zu diesem Zeitpunkt, ich hätte eine Arbeit, die mir meine wirtschaftliche und finanzielle Unabhängigkeit sicherte. So kam ich auf den Gedanken, Maschinenschreiben zu lernen. Den einzigen Abschluß, den ich hatte, war das «Certificat d'études»[10]. Wenn man mich nicht vom Gymnasium genommen hätte, um mich zu verheiraten, hätte ich heute ein abgeschlossenes Studium. Aber ach ... Nach zwei Jah-

---

10 Entspricht dem Hauptschulabschluß.

ren Ausbildung habe ich meinen Schreibmaschinenkurs beendet, was mir ermöglichte, eine Arbeit zu finden.

Da ich nicht zu denen gehöre, für die außereheliche, sexuelle Beziehungen in Betracht kommen, habe ich mich drei Jahre' danach wieder verheiratet. Mit meinem zweiten Mann hatte ich fünf Jahre zusammengelebt.

In meiner dritten Ehe passierte mir etwas Scheußliches. Der Mann, der mich geheiratet hatte, war impotent. Ich mußte sechs Monate warten, bevor ich mich von diesem Mann trennen konnte. Ich habe also drei Männer über eine Zeitspanne von zwölf Jahren kennengelernt. Als ich diese dritte Scheidung hinter mir hatte, war ich desillusioniert und enttäuscht. Ich wollte für mich zurückgezogen leben. Aber das war unmöglich. Ich hätte mir gern ein Haus genommen, um mich dort mit meinen Kindern niederzulassen. Aber eine alleinstehende Frau, die mehrmals geschieden ist, die mit ihren vier Kindern lebt und die Eltern hat, bei denen sie wohnen kann, ist in bestimmten Ländern Schwarzafrikas nicht gern gesehen. Das kommt einer «Hure» gleich. Ich mußte mein Vorhaben aufgeben, oder vielmehr, ich habe versucht, auf dieses Bedürfnis zu verzichten, indem ich mich einverstanden zeigte, im Haus meiner Eltern zu bleiben. Zwei Jahre später, unter dem Druck meiner Umgebung, willigte ich in eine Vernunftehe ein. Der Mann hatte sich mir als Geschiedener vorgestellt. Auf den Gedanken, mich nach seinem Ehestand zu erkundigen, bin ich nicht gekommen. Außerdem wohnte er nicht im gleichen Land wie ich, obgleich er meiner Volksgemeinschaft angehörte. Zu meinem großen Bedauern habe ich nach unserer Hochzeit erfahren, daß er polygam war und von den beiden ersten Frauen gar nicht richtig geschieden war. In Wirklichkeit hatte er sie eine nach der anderen verlassen, nachdem er jeder mehrere Kinder gemacht hatte. Eines Abends, als mein Mann und ich in unserem Schlafzimmer waren, hörten wir es klingeln. Mein Mann öffnete die Tür. Einige Augenblicke später stürzte eine junge Frau ins Zimmer und fiel wie eine Raubkatze über mich her. Bevor ich begriff, worum es ging, hatte sie mir das Gesicht zerkratzt und mir alle möglichen Schimpfnamen gegeben. Mein Mann, der auch im Zimmer war, rührte keinen Finger. Ich habe nicht sofort verstanden, warum. Der Eindringling hatte die Oberhand. Ich hatte trotzdem Zeit, mich zu berappeln und kämpfte mich vom Bett frei. Kaum war ich aus dem Bett, warf sie den großen Marmoraschenbecher, den mein Mann aus Italien mitgebracht hatte und der auf dem Nachttisch stand, nach meinem Kopf. Instinktiv hielt ich schützend meinen Arm vor das Gesicht. So bekam ich den Aschenbecher auf den Unterarm, der danach gebrochen war. Dann habe ich das Bewußtsein verloren. Als ich wieder zu mir kam, lag ich in einem Krankenhausbett. Ich hatte nicht nur einen gebrochenen Unterarm, sondern obendrein eine Fehlgeburt. Ich war seit zweieinhalb Monaten schwanger. So kamen mehrere schlechte Umstände zusammen. Als ich aus dem Krankenhaus kam, war ich sehr deprimiert. Ich habe nicht versucht, irgend etwas zu verstehen. Für mich war völlig klar, mit einem solchen Mann hatte ich nichts mehr zu tun, einem bösartigen Mann, der zudem noch feige ist. Noch eine Scheidung! Ich konnte diese Frau nicht verklagen. Ich hatte nicht das Verlangen, ich bedauerte sie eher.

Jetzt bin ich dreiunddreißig Jahre alt. Im Augenblick ist mir nicht danach, wieder zu heiraten, was nicht heißen soll, daß ich es nicht tun werde. Ich bilde mich. Ich lese viel außerhalb meiner Arbeitszeit. Ich bin umgeben von Brüdern und Schwestern, die das Glück einer höheren Bildung hatten, und diskutiere häufig mit ihnen. Trotz allem bedaure ich diese vielfältigen Erfahrungen nicht. Sie haben mir die Augen geöffnet über die Ehe und über die Mann-Frau-Beziehungen in unserer Gesellschaft. Ich bin mir klar über den Un-Wert der Frau in einer Gesellschaft wie der unseren. Die Männer heiraten nach Belieben. Sie lassen sich scheiden, wie es ihnen paßt. Was mich betrifft, werde ich nicht mehr akzeptieren, erneut die Art von Leben zu führen, die ich bereits in der ehelichen Gemeinschaft kennengelernt habe. Ich hoffe, daß die Frauen, die ebensoviel Enttäuschungen haben wie ich, oder Enttäuschungen gleicher Art, von nun an reflektierter und wachsamer sein werden und nicht alles mit sich geschehen lassen.

Ein Gruppengespräch aus Guinea

Sieben Männer und acht Frauen waren bei der Diskussion anwesend. Von mir abgesehen, haben nur zwei Frauen das Wort ergriffen. Die Männer haben alle an der Diskussion teilgenommen.

Auf der Männerseite:

– Goureïssi, Verwaltungsangesteller (Hochschulstudium).
– Aliou, Angestellter bei der Marine (Hochschulstudium).
– Thierno, Student.
– Mamadou, Verwaltungsangestellter.
– Baba, Arbeiter.
– Souleymane, Beamter (Hochschulstudium).
– Lamine, Arbeiter.

Auf der Frauenseite:

– Khadidiatou, Hausfrau (Gymnasium).
– Coumba, geschiedene Frau (Gymnasium).
– Eine verheiratete Frau (Studentin).
– Zwei junge Mädchen (Gymnasium).
– Eine verheiratete Frau (Volksschule).
– Eine verheiratete Frau (Analphabetin).

Goureïssi *(etwa 35 Jahre alt, Verwaltungsangestellter):* Als afrikanischer Mann bin ich für das Prinzip, eine oder mehrere Frauen zu haben. Weil unsere guineischen Frauen sich angewöhnt haben, nicht mehr viel zu arbeiten. Ich betrachte das unter dem Gesichtspunkt der Produktivität: Wenn ich drei oder vier Frauen habe, dann gewinne ich am Jahresende drei oder vier Felder dazu. Ich habe nichts dagegen, daß die Frau sich emanzipiert. Noch aber sollte man dem guineischen Mann die Möglichkeit geben, mehrere Frauen zu haben. Warum? Ganz einfach, weil die Zahl der Frauen viel höher als die der Männer ist. Nicht wahr?
Skeptisches Lachen der Frauen.
Aliou: *(etwa 30 Jahre alt, Angestellter bei der guineischen Marine)*: Deine Meinung über die Notwendigkeit, mehrere Frauen zu heiraten, teile ich nicht. Hier in Guinea arbeiten die Frauen immer für

29

die Männer. Ich gebe dir als Beispiel einen meiner Verwandten[11]. Weil er der Sohn eines Stammesoberhaupts war, war er der Meinung, er brauchte nicht zu arbeiten. Seine Frauen arbeiteten für ihn und bestellten seine Felder. Er selbst lag den Tag über in einem Sessel. Er empfing Besucher, hielt Besprechungen ab, in denen er irgend etwas erzählte. In Wirklichkeit war er ein Müßiggänger, der seine Frauen schlicht und einfach ausbeutete. Das war so, weil die Entwicklung unserer Gesellschaft zu dieser Zeit nicht das Stadium erreicht hatte, das wir heutzutage kennen. Dies entsprang einerseits dem Kolonialsystem und andererseits Sitten, die in den Gemütern der Menschen fest verankert waren: die Erziehung wird in eine bestimmte Richtung gelenkt und macht aus der Frau das Objekt des Mannes. In unserer Gesellschaft, die sich jetzt zu modernisieren versucht, bemühen sich sowohl die Frauen als auch die Männer, auf unterschiedliche Weise etwas daran zu ändern. Anläßlich eines Frauenkongresses wurde die offizielle Abschaffung der Polygamie beschlossen. Was die Gleichberechtigung der Geschlechter angeht, wurde eine Kampagne für die Emanzipation der Frau gestartet.

Wir in Guinea glauben, daß unser Kampf den ganzen afrikanischen Kontinent betrifft. Wir versuchen ein Beispiel zu geben, einen Weg aufzuzeigen, der die anderen afrikanischen Staaten beim Prozeß der Frauenemanzipation anregen könnte. Denn solange die Frau nicht emanzipiert ist, nimmt ein hoher Prozentsatz der Bevölkerung weder am wirtschaftlichen noch am gesellschaftlichen Leben teil. In gewisser Weise ist die Nicht-Emanzipation der Frau eine Bremse für die harmonische Entwicklung des Landes. Neue Verhältnisse erfordern auch neue Strukturen. Darum ist es auch undenkbar, daß eine gesellschaftliche Gruppe, nämlich die Männer, einer anderen, den Frauen, gegenübersteht und diese durch ihre Schikanen und Laster zu ihren Opfern macht. Natürlich hat die Kampagne für die Emanzipation der Frau angefangen. In der Praxis aber laufen die Dinge nicht immer so, wie man es möchte, weil wir in unserer Erziehung und unserer sozialen Herkunft geprägt sind. Darum gibt es Dinge, die wir akzeptieren, und andere, die von vornherein unseren Vorstellungen widersprechen. Seit der Unabhängigkeitserklärung war der guineische Staat bemüht, das ganze Volk zu erziehen: Männer wie Frauen.

Diese vor allem, weil das Problem der Emanzipation zwar ein

---

11 Onkel mütterlicherseits ·

Problem der Gesellschaft, aber in erster Linie ein Frauenproblem ist. Die Frauen sind als erste betroffen. Man kann für sie nichts tun, wenn man in ihnen nicht eine gewisse Bereitschaft spürt, eine gewisse Begeisterung für den Weg, den sie beschreiten sollten.

Awa Thiam: Die Frage lautete: Was denken Sie über die Frauen, insbesondere über die guineische Frau? Sie sollten uns nicht sagen, was die Frauen tun oder sein müßten, sondern was Sie selbst zu diesem Zeitpunkt davon halten.

Aliou: Aber um die Frau zu verstehen, ist es trotzdem notwendig, ein bißchen über ihre Vergangenheit, ihre Gegenwart und ihre Zukunft zu sprechen.

Awa Thiam: Natürlich, Sie sprachen aber auch von ihrer Bereitschaft wie von einer künftigen oder hypothetischen Sache.

Aliou: Ja, weil sie zur Zeit nicht völlig vorhanden ist. Erst heute beginnt die Frau, sich in die verschiedenen Bereiche des Lebens einzugliedern. Es gibt schon einen Willen, etwas Sinnvolles für die Emanzipation der Frau zu tun. Da aber die Entwicklungen in der Gesellschaft gewöhnlich nicht spontan entstehen, müssen wir ein wenig Geduld haben.

Goureïssi: Ich glaube, wir müssen hier vielmehr über konkrete Dinge sprechen und die theoretischen Probleme und Prinzipien beiseite lassen. Aber wir müssen nach Lösungen suchen, die die Zeit erfordert. Ich hätte mir gewünscht, daß wir die dringlichsten Probleme der Frauenemanzipation ansprechen.

Awa Thiam: Ja, reden wir von den konkreten Problemen ...

Goureïssi: Prinzipien bleiben Prinzipien. Es existieren Bücher, in denen wir alles über das politische Konzept für die Frauenemanzipation in Guinea finden können. Aber wenn wir so diskutieren, sagen wir, was wir erleben, was wir beobachten, was wir den Frauen vorwerfen und auch, was wir gern gehabt hätten.

Awa Thiam: Ja. Es scheint mir, daß die Familie die repräsentativste Zelle des Staates ist. Ist sie nicht gewissermaßen ein Staat im Kleinen? Man müßte also beide Aspekte der Frage betrachten: Die Familie an sich und dann als repräsentative Zelle des Staates.

Thierno (etwa 28 Jahre alt, Student): Ich jedenfalls glaube nicht, daß wir so verallgemeinernd über die afrikanische Frau sprechen können. Ich werde speziell über die guineische Frau reden, weil ich nur sie kenne. Dazu möchte ich sie von zwei Epochen her beschreiben: Vor der Unabhängigkeit und während der Unabhängigkeit. Vor der Unabhängigkeit wurde die Frau als Werkzeug benutzt: Sie war Sklavin eines Sklaven. Sie galt als produktive Kraft zum Nutzen des Mannes.

Awa Thiam: Ich glaube, daß sie es bis heute ist, da Goureïssi sagt, er hätte immer noch gern mehrere Frauen.

Thierno: Das ist die alte Denkweise. Guinea zeigte vor der Unabhängigkeit das Gesicht, das Goureïssi beschrieben hat. Damals konnte ein Mann ohne Beruf drei, vier oder zehn Frauen heiraten. Mein Onkel zum Beispiel, der in K. wohnt, hatte mehr als zehn Frauen. Was machte er? Er war Chef eines Bezirks. Von morgens bis abends diktierte er Gesetze und erteilte Befehle. Er tat nichts, was zur Erzeugung materieller Güter beigetragen hätte. Es waren seine Frauen und seine Sklaven, die arbeiteten (zu dieser Zeit gab es noch Sklaven). Die Frau war also auf die letzte Stufe der Gesellschaft verwiesen. Ansonsten schikanierte die alte guineische Gesellschaft die Frauen sehr. Während man von dem jungen Mädchen die Jungfräulichkeit forderte, wurde dies beim Jungen kaum kontrolliert. Die guineische Frau war zu vielen Dingen gezwungen, von denen der Mann befreit war, zum Beispiel die (Klitoris-)Beschneidung und die Infibulation ... Man mußte auf die Unabhängigkeit und auf den ersten Kongreß der guineischen Frauen 1970 warten, damit gewisse Widersprüche beseitigt wurden. So beschloß dieser Kongreß den Kampf gegen die Polygamie.

Aliou: Vorsicht! Der Kampf gegen die Polygamie hat nicht erst 1970 angefangen, sondern viel früher.

Thierno: Ja, aber der Kongreß hat ihn auch in sein Programm aufgenommen.

Aliou: Kurz nach der Unabhängigkeit wurde eine Kampagne in diesem Sinne gestartet. In Theaterstücken, Reden und Versammlungen wurden die Emanzipation der Frau und der Kampf gegen die Polygamie sehr oft behandelt. Man mußte eine gewisse Zeit abwarten, bevor dieser Kampf sich in Rechten und Pflichten niederschlug.

Thierno: In Wirklichkeit hat der Kampf erst mit dem Jahr 1970 angefangen. Wir wissen aber, daß man seit der Unabhängigkeit allmählich versucht hat, die Frau in den Produktionsprozeß einzugliedern.

Awa Thiam: Haben die Frauen nicht versucht, sich selbst zu integrieren?

Goureïssi: Doch. Sie haben in diesem Sinn gekämpft. Sie haben an den wichtigsten Kämpfen des Landes teilgenommen.

THIERNO: Die Frauen sind sogar im Kampf um die Macht eine treibende Kraft gewesen.

AWA THIAM: Wären die Frauen nicht selbst in der Lage, darüber zu sprechen?

(Schweigen der Frauen. Vermutlich waren sie durch die Anwesenheit der Männer eingeschüchtert.)

THIERNO: Sie können darüber reden, aber da sie sich nicht dazu entschließen, sagen wir unsere Meinung. Tatsächlich mußte man auf die Unabhängigkeit warten, um diese Emanzipation der Frau als Problem zu erkennen und nach Lösungen zu suchen. Auf diese Weise gelangten Frauen in technische Berufe. Und erst nach der Unabhängigkeit konnten wir Frauen im Rundfunk hören.

ALIOU: Genauer gesagt: Guineische Frauen beim guineischen Rundfunk.

THIERNO: Ja. Um nur ein Beispiel zu geben, wie übel der Mann die Frau behandelte. Es gab heftige Reaktionen, als das Gesetz gegen die Polygamie erlassen wurde. Es hieß, diese Partei würde die Interessen des Volkes verraten, indem sie die alten Sitten bekämpfte. Es gab Aufstände. Man hat gedacht, man müßte sich von seinen Frauen scheiden lassen und dann unter ihnen eine einzige auswählen, die man dann behalten könnte. Dies war die Interpretation von manchen.

GOUREÏSSI: In der Wirtschaft versucht die Frau mit dem Mann Schritt zu halten.

THIERNO: Hier, in Guinea, haben wir Frauen bei der Gendarmerie, bei der Polizei und auch Frauen als Gouverneure, Abgeordnete, Minister[12] ...

AWA THIAM: Sollten aber die Frauen nicht selber sprechen? Wir haben doch dieses Gruppeninterview veranstaltet, weil hier Frauen und Männer gemeinsam anwesend sind.

(Schweigen der Frauen)

ALIOU: Sie verstehen nun, warum unsere Schwestern uns bis heute «unterlegen» sind. *(Lachen.)*

MAMADOU *(über 40, Verwaltungsangestellter)*: Das ist der Beweis: Sie schweigen alle, da wo sie den Mund aufmachen sollten.

AWA THIAM: Heute morgen hat man uns vom Minderwertigkeitskomplex der Frau gegenüber dem Mann berichtet. Ich glaubte nicht daran, aber jetzt ...

---

12 eine einzige ...

MAMADOU: Wenn die Männer immer für die Frauen sprechen müssen: Über ihre Zukunft, darüber wie sie sein sollten, heißt es, daß sie selbst bis heute nichts begriffen haben.

GOUREÏSSI: Habe ich denn nicht recht, wenn ich fünfzehn Frauen heiraten möchte?

(Lachen der Frauen und der Männer)

MAMADOU: Ich werde euch Frauen jetzt eine Frage stellen. Wie soll eure Beziehung zu eurem Mann aussehen?

KHADIDIATOU *(verheiratete Frau, etwa 25 Jahre alt)*: Da ich nichts vorbereitet hatte ...

GOUREÏSSI: Aber niemand hat etwas vorbereitet!

KHADIDIATOU: Ich war auf solche Fragen nicht gefaßt. Jedenfalls, möchte ich, daß mein Verhältnis mit meinem Mann korrekt sei.

MAMADOU: Zum Beispiel, es treten Probleme auf; Entscheidungen müssen getroffen werden.

KHADIDIATOU: In solchen Fällen hätte ich es gern, daß mein Mann mich um meine Meinung fragt und wir gemeinsam die Probleme besprechen.

ALIOU: Aber du wirst ihm einen Teil der Verantwortung überlassen?

KHADIDIATOU: Ja.

GOUREÏSSI: Manche behaupten: Wenn ich mit meiner Frau über ein Problem einig bin, trifft sie die Entscheidung. Wenn wir nicht einverstanden sind, treffe ich sie. Nicht wahr? In den meisten Ehen funktioniert es so. Wenn ich aber eine moderne Ehe führen möchte, berate ich mich mit meiner Frau, diskutieren wir miteinander. Aber oft entscheidet die Frau nicht wirklich. Manchmal sagt sie, wenn man ihr ein Problem vorlegt: «Ich weiß nicht, mach's, wie du willst.»

AWA THIAM: Der Mann trifft oft Entscheidungen, ohne seine Frau zu fragen.

GOUREÏSSI: Aber vor allem deswegen, weil die Frau nicht bereit ist, an der Entscheidung mit teilzunehmen. Das ist häufig so der Fall.

THIERNO: Aber oft scheint auch die Männlichkeit, der Stolz des Negers[13] bedroht?

GOUREÏSSI: Ja, das stimmt. Das ist ein Aspekt des Problems.

MAMADOU: Ich erinnere daran, daß ich nach der Mann-Frau-Beziehung gefragt habe, damit die Frauen sagen, welches Leben sie

---

13 des traditionsbewußten, im wesentlichen phallokratischen Negers.

sich zu Hause mit ihrem Mann wünschen, wie sie über die Erziehung ihrer Kinder denken ... und was sie ihrem Mann vorwerfen.

BABA: Nehmen wir an, Frau K. T. wäre meine Frau – würde sie es akzeptieren, daß ich von morgens früh bis 16 Uhr abwesend bin. Und daß ich, kaum nach Hause gekommen, wieder bis 1 Uhr nachts weggehe, ohne ihr Rechenschaft zu geben?

(Heftige Reaktion.)

KHADIDIATOU: Welche Frau wird denn so etwas akzeptieren?

THIERNO: Das sind unwichtige Fragen. Sie sind überflüssig.

ALIOU: Das sind vielleicht Fragen, die unwichtig scheinen mögen. Sie sind jedoch sehr wesentlich.

THIERNO: Ordnen wir die Frau in die verschiedenen Bereiche des gesellschaftlichen Lebens ein.

AWA THIAM: Wir sprachen über die Ehe.

ALIOU: Ja, sie ist die Grundlage für alles. Wenn die Frau nicht gewöhnt ist, zu Hause Verantwortung zu übernehmen, muß es ihr schwerfallen, sie draußen auszuüben.

THIERNO: Wer soll ihr denn dabei helfen, wenn nicht ihr Mann?

AWA THIAM: Das Problem ist nicht, der Frau zu helfen. Wir versuchen einen Tatbestand aufzuzeigen.

BABA: Und wenn ich versuchen würde, eine andere Frau zu erobern, was wäre die normale Reaktion meiner Frau?

(Schweigen der Frauen.)

THIERNO: Wenn Baba die Absicht hat, eine andere Frau zu heiraten, findet er das ganz in Ordnung. Aber sobald er feststellt, daß seine Frau ihm Hörner aufsetzt, reicht er unverzüglich die Scheidung ein. Und wenn er eine zweite Frau heiraten will, verlangt er, daß die erste sich seinen Launen unterwirft und die Anwesenheit der zweiten duldet. So trägt die Stellung des Mannes unter anderem dazu bei, die Emanzipation der Frau zu bremsen.

THIERNO: Der Mann müßte sich auf das Niveau der Frau begeben, um sie besser zu verstehen.

MAMADOU: Sofern die Frau dem Mann ebenbürtig ist, können wir deinen Ausdruck nicht akzeptieren, weil du dir widersprichst. Wenn du sagst, der Mann solle sich auf das Niveau der Frau begeben, heißt das, daß die Frau minderwertig sei.

THIERNO: Nein, ich sage nicht, auf das Niveau der Frau herabsteigen, sondern sich auf das Niveau der Frau begeben, oder vielmehr, sich an ihre Stelle versetzen.

35

ALIOU: Sofern die Frau dem Mann vor dem Gesetz gleichgestellt ist . . .

THIERNO: In den Rechten wie in den Pflichten.

ALIOU: Ja, in den Rechten wie in den Pflichten! Ich kann nicht begreifen, daß ein Mann eine zweite Frau heiraten will und daß seine erste Frau es akzeptiert.

AWA THIAM: Deshalb möchte ich Baba das Wort erteilen, damit er uns erklärt, warum er eine zweite Frau braucht, obwohl er schon eine hat.

BABA: Wenn ein Mann hier in Guinea Probleme in seiner Ehe hat, neigt er dazu, eine zweite (oder dritte . . .) Frau zu heiraten.

AWA THIAM: Anstatt zu versuchen, seine Probleme mit der jeweiligen zu lösen?

BABA: Er läßt sich nicht scheiden, sondern behält seine erste Frau und nimmt eine andere.

MAMADOU: Schließlich lehnt sich die erste Frau auf, und dies mit Recht. Oder sie läßt sich scheiden oder geht vor Gericht. Andernfalls unterwirft sie sich. Die Mitfrauen tun im allgemeinen dasselbe.

SOULEYMANE: Ja, aber wenn ein Mann heute wieder heiraten will, hat seine erste Frau ein Wort mitzureden.

GOUREÏSSI: Der Mann heiratet nicht immer eine andere, weil er Probleme mit seiner jetzigen Frau hat. Es kann ganz einfach ein Laster sein: Der Versuch, immer wieder zu wechseln.

THIERNO: Es kann auch der Reiz des Neuen sein.

AWA THIAM: Ist das nicht in Wirklichkeit eine Entschuldigung für die Polygamie? Die Männer beanspruchen für sich alle Rechte, die Frauen haben keine.

(Zustimmung der Frauen – die Männer grinsen.)

THIERNO: Es ist keine Entschuldigung, es ist Unbeständigkeit.

ALIOU: Es ist Verantwortungslosigkeit.

THIERNO: Warum nimmt sich ein Mann das Recht heraus, etwa zehn Frauen zu heiraten, während er keiner einzigen unter diesen das Recht gibt, einen Liebhaber zu nehmen, geschweige denn zwei Männer gleichzeitig zu heiraten?

ALIOU: Es ist Egoismus – es ist Verachtung der Frau gegenüber. Aber wenn dies geschieht, dann nur, weil die Frau nicht wirklich selbstbewußt ist. Denn wäre die Frau wirklich selbstbewußt, käme es dem Mann nicht in den Sinn, eine zweite zu heiraten, weil er dann wüßte, daß es jemand an seiner Seite gibt, die nicht akzeptieren kann, daß man ihr auf die Zehen tritt.

JUNGE FRAU *(35 Jahre alt, geschieden)*: Irrtum!

KHADIDIATOU: Goureïssi, warum haben Sie vorhin von drei oder vier Frauen gesprochen?

GOUREÏSSI: Nein, ich habe von etwa fünfzehn gesprochen.

AWA THIAM: Könnten Sie uns vielleicht sagen, wieviel Sie zur Zeit haben?

GOUREÏSSI: Ich? Ich habe eine *(kleines Lächeln)*. Aber Sie hätten mich fragen sollen, wieviel ich in Wirklichkeit gewollt hätte. Ganz ehrlich, wenn ich bei meiner jetzigen Frau die Möglichkeit gehabt hätte, eine halbe Frau zu nehmen, dann hätte ich nur eine halbe genommen. Aber bei den heutigen guineischen Verhältnissen hätte ich fünfzehn Frauen gebraucht. Denn ich habe beobachtet, wie wenig die guineischen Frauen arbeiten. Sie sind sehr faul geworden. Sie haben sich «emanzipiert». Für viele unter ihnen bedeutet Emanzipation faulenzen, sich gut kleiden, ausgehen, spazierengehen und sich nicht um die Kinder kümmern. Im Ernst, sie vernachlässigen ihre Pflichten für viele weniger wichtige Dinge. Nun, als Mann aber kann man einer Frau noch Respekt einflößen.

AWA THIAM: Warum Respekt einflößen, wenn es Gleichberechtigung gibt?

GOUREÏSSI: Warten Sie, ich erkläre, was ich meine. Ich sage doch, im heutigen Guinea hätte ich fünfzehn Frauen gebraucht. Denn diese Gleichberechtigung zwischen Mann und Frau ist noch nicht wirksam. Wenn ich also zwei Frauen habe und wenn es mit einer nicht klappt, werde ich sie zugunsten der anderen vernachlässigen und die erste auf diese Weise dazu zwingen, sich so zu benehmen, wie ich es will. Wenn ich drei habe, ist es noch einfacher. Und wenn ich fünfzehn habe, lasse ich sie alle arbeiten. So parieren sie.

AWA THIAM: Aber das ist Ausbeutung und Unterdrückung.

GOUREÏSSI: Aber ich zwinge sie zu arbeiten.

MAMADOU: Sie zum Arbeiten zu zwingen, ist eine gute Sache, ich glaube aber nicht, daß dies das richtige Mittel ist.

AWA THIAM: Sie können freiwillig arbeiten, ohne in ein polygames System eingezwängt zu sein.

MAMADOU: Also, ich bin mit Goureïssi nicht einverstanden, weil er Rechte beansprucht, die er nicht haben sollte und die das Gesetz ihm nicht zugesteht. Er stellt sich damit außerhalb der Rechte und Pflichten in der Gleichberechtigung zwischen Mann und Frau.

KHADIDIATOU: Ich bin auch nicht mit Goureïssi einverstanden.

(Gedämpfte Proteste der Frauen, aber keine Wortmeldung.)

Mouna
(43 Jahre alt, mit einem Moslemführer verheiratet, zehn Kinder. Hausfrau)

Ich bin seit dem 16. Lebensjahr verheiratet. Ich bekam zwölf Kinder
von meinem Mann. Zwei sind ganz jung gestorben. Ich bin die
erste Frau meines Mannes. Ich hatte dreizehn Mitfrauen, sie waren
alle unterschiedlich alt, davon wurden neun geschieden. Die jüngste ist 20, während mein Mann bereits über 50 ist. Wir haben nicht
immer zusammen- oder im selben Ort gewohnt. Heute sind wir
vier und leben alle auf Wunsch unseres Mannes in ein und demsel-
ben Haus. Unser Mann ist oft auf Reisen. Wir sehen ihn sehr wenig. Als erste Frau habe ich alles miterlebt, was in unserem Haus
geschah. Die neu Aufgenommene wird zuerst verwöhnt und ge-
hätschelt. Ihr Mann widmet ihr allerlei Aufmerksamkeit. Einige
Zeit später wird sie entweder zugunsten einer neuen Mitfrau ent-
thront oder wegen einer neuen Reise abgeschoben, die unser
Mann unternehmen muß. Das Eheleben scheint unter diesem
Aspekt unerträglich zu sein. Solange wir gefallen wollen, solange
wir fügsam und treu sind und im «Hintergrund» bleiben, gibt es
keinerlei Probleme zwischen unserem Mann und uns. Genauer gesagt, er hat uns nichts vorzuwerfen. Es spielt keine Rolle, ob wir
mit dem Leben, das wir an seiner Seite führen, unzufrieden sind.
Seit zwei Jahren habe ich keinen «Verkehr» mit meinem Mann gehabt. Meine Mitfrauen und ich wurden fast alle vernachlässigt zugunsten einer neuen Frau, die jünger ist als mein ältester Sohn und
meine älteste Tochter.

Als vernachlässigte Frau konnte ich nicht das tun, was manche
meiner Mitfrauen getan haben, nämlich sich scheiden lassen oder
einen Liebhaber nehmen. Ich war von dem Gedanken an die Zukunft meiner Kinder besessen. Was würde aus ihnen werden, wenn
ich mich von ihrem Vater trennte? Der älteste ist 26 und der jüngste
erst 3. Betrachten wir die Situation meiner Mitfrauen.

Die jüngsten von ihnen haben sich angewöhnt, immer wenn unser
Mann eine längere Reise unternimmt, sich einen oder zwei Liebhaber zu nehmen. So kam es, daß sie manchmal ein Kind ihres Liebhabers erwarteten, während unser Mann noch nicht zurück war. Das
ist dreimal nacheinander passiert. Jedesmal kam es zur Scheidung.
Vor kurzem hat es einer meiner Mitfrauen, die etwa dreißig Jahre alt
ist, gefallen, den Annäherungsversuchen eines seiner Gläubigen
nachzugeben, weil sie sich von unserem Mann vernachlässigt fühl-

te. Der Gläubige besuchte sie ganz ungeniert. Heute behauptet man, daß ihr Jüngster nicht von unserem Mann sei, sondern von ihrem Liebhaber. Entweder weiß er nichts davon oder er ist diese Art von Zwischenfällen leid: Unser Mann hat dieses Kind als sein eigenes getauft. Die Liebenden sehen sich nach wie vor.

Ich hingegen habe außer meinem Mann nie einen anderen gekannt. Ich bin traditionell und streng erzogen. Obwohl ich schon mit dem Gedanken an Scheidung gespielt habe, ist es mir nie in den Sinn gekommen, meinem Mann Hörner aufzusetzen. Das heißt aber nicht, daß ich meine Mitfrauen verurteile. Ich verurteile weder die drei, die wegen Ehebruch geschieden wurden, noch die sechs anderen, die sich scheiden ließen, weil sie dieses polygame Leben nicht mehr ertrugen. Ich verstehe sie alle ganz gut. Sie sind jung. Sie wollen geliebt werden und sich lebendig fühlen. Man muß zugeben, daß eine Ehe zu dritt – ein Mann und zwei Frauen – überhaupt nicht mit einer Ehe zu zweit zu vergleichen ist, geschweige denn mit einer polygamen Ehe mit «x» Frauen. Die Unzufriedenheit, die Gleichgültigkeit, die Vernachlässigung sind oft die Ursachen, die die Frau in die Arme eines Liebhabers treibt.

AWA THIAM: Glauben Sie nicht, daß Sie zu streng gegen sich selbst und zu nachsichtig gegen Ihre Mitfrauen sind? Mit 43 ist man noch jung.

MOUNA: Ach! Ich bin schon Großmutter.

AWA THIAM: Das macht nichts. Sie sind noch jung. Glauben Sie denn, daß die Lage der Frau eines religiösen Führers bequem sei?

MOUNA: Bequem? Ich weiß nicht. Aber ich kann Ihnen versichern, daß der Respekt, den die Gläubigen einem religiösen Führer erweisen, sich auch auf seine Frauen überträgt. Manche gehen sogar soweit, die Frau zu verehren, die in der Gunst des Führers steht. Dieses Leben hat mich gelehrt, andere Frauen und ein bißchen auch mich zu verstehen. Wenn ich mein Leben jetzt selbst in meinem Alter und mit all meinen Kindern neu gestalten müßte, hätte ich keine Probleme, weil ich viel erlebt habe . . . Ich mußte viel einstecken.

AWA THIAM: Was kann man in einer Situation wie der Ihren tun?

MOUNA: Wenn man sich nicht scheiden läßt, kann man nur noch resignieren. Die mohammedanische Religion ist sehr streng.

AWA THIAM: Nach Ihrer Meinung gibt es also keine anderen Lösungen als Scheidung oder Unterwerfung?

MOUNA: Als Mohammedanerin ziehe ich keine andere in Betracht.

Eine ledige Mutter

(18 Jahre alt. Ledige Mutter aus Mali. Analphabetin, Mohammedanerin.
Vater religiöser Führer.)

«Ich stamme aus einer islamischen Familie. Mein Vater ist ein Kir-
chenoberhaupt. Keines meiner Geschwister ging zur französischen
Schule. Außer dem Koran haben wir nichts gelernt. Die Entscheidungen werden immer von meinem Vater getroffen, selbst was seine erwachsenen Kinder betrifft. Auf diese Weise wurden zwei meiner älteren Brüder und zwei meiner Schwestern verheiratet, ohne
gefragt zu werden. Mein Vater wird genauso von seinen Gläubigen
verehrt, wie er von seinen Frauen und Kindern gefürchtet wird.

Vor einem Jahr erwartete ich ein Kind von einem Mann, mit dem
mein Vater mich nicht verheiraten wollte. Heute müßte ich dieses
Kind in meinen Armen halten, es ist aber leider gestorben.»

Unsere Gesprächspartnerin brach in Tränen aus und konnte ihre
Erzählung nicht beenden. Wir haben später erfahren, daß sie selbst
gleich nach der Geburt ihr Kind mit Hilfe ihrer Mutter und einer
dritten Person im Hof des Hauses begraben hatte. Da ihr Vater polygam war, hatte ihre Mutter Mitfrauen: genau drei und neun Kinder. Sie fürchtete, daß die Schwangerschaft ihrer Tochter auch sie
selbst in einen Skandal verwickeln würde, da ihr Mann sie verstoßen und mit ihrer Tochter aus dem Haus jagen könnte. In den Ländern des Islam wird eine junge Frau, die unverheiratet schwanger
wird, als Hure betrachtet. Das gleiche gilt für alle ledigen Mütter.
Es kam nicht in Frage, daß der Vater über den Zustand seiner Tochter informiert wurde, ebensowenig über ihre Entbindung.

Die hastig im Hof vergrabene Leiche wurde einige Tage später
gefunden. Dadurch wurde das Verbrechen offenbar. Der Vater der
ledigen Mutter wurde nie darüber informiert. Wer ist daran schuld?
Die Gesellschaft? Ist das nicht unsere Schuld? Meine Schuld? Ist es
nicht durch den Starrsinn eines Mannes verursacht? Ist nicht eigentlich die Angst die Ursache dieses Kindesmordes? Ist es nicht das
Patriarchat, das da wirksam wird und sein wahres Gesicht zeigt?

Die Feigheit der Männer (die Frauen «schwängern», mit denen
sie nicht verheiratet sind, die weder die Absicht haben, sie zu heiraten oder in wilder Ehe mit ihnen zu leben, noch ihre Kinder anzuer-
kennen und für sie zu sorgen) zugleich mit dem Terror, den der
Vater oder der Bruder über sie ausübt, führt oft zu Kindesausset-
zung oder Kindesmord.

Coumba

*(27 Jahre alt. Arbeiterin in der Verarbeitungsindustrie, aus dem Volks-
stamm Peul, Senegalesin.)*

Ich bin mit einem Arbeiter verheiratet, der in derselben Fabrik wie
ich arbeitet. Hier haben wir uns auch kennengelernt. Wir sind seit
sechs Jahren verheiratet und haben zwei Kinder. Vor einem Jahr hat
unsere Ehe mit der Ankunft einer neuen Hausbewohnerin aufgehört, monogam zu sein: die zweite Frau meines Mannes. Bisher
hatten wir keine finanziellen Probleme am Ende des Monats.
Seit einiger Zeit aber werden uns dauernd Strom und Wasser
gesperrt.
Unsere beiden Arbeiterlöhne reichen nicht mehr aus, um die Ausgaben eines polygamen Haushalts zu decken. Meine Mitfrau, eine
ganz junge Siebzehnjährige, arbeitet nicht. Sie ist zur Zeit schwanger und hängt finanziell von unserem Mann ab. Sie ist sehr launisch
und verleitet ihn zu unvernünftigen Ausgaben. Vor dem 20. jedes
Monats sind wir praktisch blank, was uns dazu zwingt, um einen
Vorschuß auf unseren Lohn zu bitten oder uns zu verschulden. Wir
haben Mietschulden.
Wir müssen trotzdem wenigstens die Ernährung unserer Kinder
sichern. Es ist gar nicht angenehm, so zu leben. Es ist auch nicht
einfach.

AWA THIAM: Sehen Sie eine Aussicht, daß Ihre Probleme bald
gelöst werden?

COUMBA: Ich glaube, daß alles schlechter wird oder aber viel besser.

AWA THIAM: Das heißt?

COUMBA: Entweder verschulden wir uns weiter und werden eines Tages auf die Straße gesetzt. Oder mein Mann findet eine Möglichkeit, um für den Unterhalt eines polygamen Haushalts zu sorgen.
Ich wurde bei der zweiten Ehe meines Mannes nicht gefragt. Erst
im letzten Moment wurde ich über seine Absicht informiert. Er soll
sehen, wie er die Suppe auslöffelt, die er sich eingebrockt hat. Sonst
wird es zur Scheidung kommen, entweder von meiner Mitfrau
oder von mir, denn ich werde nicht arbeiten, um sie zu mästen, wo
sie keine anderen Sorgen im Kopf hat, als sich aufzuputzen und
jeden Abend auf die Rückkehr unseres Mannes zu warten.

Eine junge Frau
(38 Jahre alt, in bigamer Ehe lebend.)

Schon mit elf Jahren war ich Vollwaise. Mit fünfzehn habe ich geheiratet und lebe mit meinem Mann und meiner Mitfrau in dem Dorf, in dem auch meine acht Kinder zur Welt kamen. Mein Mann ist vor zwölf Jahren bigam geworden. Meine Mitfrau und ich vertragen uns sehr gut. Ich habe übrigens sehr gewünscht, daß mein Mann eine zweite Frau heiratet, weil ich es mit meinen zahlreichen Kindern nicht mehr schaffte, das Haus zu versorgen und mich auch noch um die Felder zu kümmern.

Mein Mann ist Bauer, ich bin aber für einen großen Teil der Feldarbeit zuständig. Da ich wünschte, daß jemand mir beisteht, habe ich also meinem Mann vorgeschlagen, er möge noch eine Frau heiraten. Seitdem sie hier ist, teilen wir uns alles: Haus- und Feldarbeit. Und bisher bedaure ich es nicht, daß ich meinem Mann zu einer zweiten Frau geraten habe. Ich finde in ihr eine Verbündete; sie hilft mir in allen Bereichen. Wir haben festgestellt, daß wir die gleichen Interessen haben. Im Winter verbringen wir gewöhnlich die meiste Zeit damit, die Felder unseres Mannes zu bestellen, wenn wir nicht verhindert sind. Nach der Winterzeit kümmert sich unser Mann um den Verkauf der Ernte in der Stadt, während wir im Dorf bleiben. Bei seiner Rückkehr bringt er zwar Lebensmittel mit, er kauft manchmal Kleider für uns und für die Kinder, er gibt uns aber nicht mehr Geld als das, was wir brauchen, um jeden Tag einzukaufen, um das Essen vorzubereiten. Wir haben Bedürfnisse, die wir nicht befriedigen können.

Was uns heute stark mißfällt und was wir unserem Mann häufig vorwerfen ist, daß er soviel Geld woanders ausgibt. Er denkt daran, eine dritte Frau zu nehmen. Das gefällt weder mir noch meiner Mitfrau. Er macht zur Zeit einem ganz jungen Mädchen von sechzehn den Hof. Meine Mitfrau und ich brauchen keinerlei Hilfe, und wir kommen gut miteinander aus. Wir hätten es lieber, wenn unser Mann uns helfen würde, damit wir die Dinge nicht mehr entbehren, die wir uns heute durch unsere Arbeit leisten können. Das wahre Unglück aber besteht darin – wie in den meisten Stämmen und afrikanischen Gesellschaften –, daß der Ehemann ein Recht auf alles hat. So kann er nicht nur über seine Güter, sondern auch über unsere verfügen.

Ekanem
(40 Jahre alt, Nigerianerin, Lehrerin.)

Ich bin wie mein Mann Englischlehrerin an einem Gymnasium. Ich bin 40 Jahre alt. Ich habe mich standesamtlich trauen lassen. Mein Mann und ich sind eine sogenannte Liebesehe eingegangen. Wir haben zuerst am Gymnasium kennengelernt. Später haben wir gemeinsam in England studiert. Nachdem wir ein Jahr zusammengelebt hatten, haben wir geheiratet. Wir sind nach Nigeria zurückgekehrt und verblüffen unsere Umgebung durch unsere Lebensweise. Wir haben tatsächlich wenig von einem angepaßten Paar; wir haben viele Traditionen in Frage gestellt. Wir leben sozusagen in einer gewissen Lockerung der Sitten. Es erregt viel Anstoß, es ist aber eine bewußte Entscheidung.

Ich habe absichtlich im Ausland studiert, um nicht in Zukunft die Rolle der versklavten Hausfrau spielen zu müssen. Die Vorstellung von diesen passiven und fatalistischen Frauen, die in ihrer Ehe wie in einem Gefängnis eingesperrt sind, hat mich immer angewidert. Auch habe ich sie immer bemitleidet, und das war vielleicht einer der Gründe, warum ich so weit wie möglich weggehen wollte, um mir eine wirtschaftliche Unabhängigkeit zu sichern. Ich habe fünf Kinder.

Mein Mann und ich kümmern uns gemeinsam um sie. Je nach Stundenplan bringen er oder ich die Kinder zur Schule und holen sie wieder ab. Der älteste ist 10 und der jüngste 2 Jahre alt. Mein Mann hat immer akzeptiert, daß wir uns abgesehen von der Arbeit des Hausmädchens die Aufgaben teilen. Auch hatte er nichts dagegen, die Kinder zu wickeln oder sie zu baden, wenn ich mit etwas anderem beschäftigt war.

Hier in Nigeria mißfiel unsere Lebensweise manchen Leuten, weil sie sehr westlich orientiert ist. Einige behaupten, ich «hätte die Hosen an» und würde meinem Mann auf der Nase herumtanzen. So denken sie vor allem in der Familie meines Mannes. In Schwarzafrika ist man daran gewöhnt, daß ein Mann arbeitet, um den Unterhalt seiner Familie zu sichern, und daß er dann keine Hausarbeit erledigen muß. So ist die Tradition. Wer es anders macht, von dem behauptet man gern, er ließe sich von seiner Frau beherrschen.

Wir waren entschlossen, gegen den Strom zu schwimmen, und als mein Mann und ich zusammenzogen, hatten wir uns versprochen, gegen die Konventionen zu kämpfen. Das brachte uns Kritik und Schelte ein, die in unseren Augen völlig unbegründet waren. Es kam aber eine Zeit, wo mein Mann all dieser unfreundlichen Bemerkungen überdrüssig war. Die Arbeitsteilung im Haushalt widerte ihn an. Es kam nicht mehr in Frage, daß er sich um unsere Kinder kümmerte. Am Anfang machte ich nicht viel Aufhebens davon, da bei uns eine junge Cousine lebte, die mir bei der Hausarbeit half. Ich koche aber heute noch vor Wut, wenn ich mich an die Worte erinnere, die ich oft genug von Besuchern gehört habe: «Die Frau soll sich für ihren Mann abrackern, wenn sie ins Paradies kommen will, nicht umgekehrt.» «Das steht im Koran,» fügten sie hinzu. Ich hätte ihnen gern gesagt: «Scheiße, kümmert euch um eure eigenen Angelegenheiten.» Aber der Respekt, den ich ihnen «schuldig» war, hinderte mich daran, mit Rücksicht auf die Gesellschaft, in der ich lebe.

Schließlich verlor mein Mann jedes Interesse an der Hausarbeit. Es fiel mir schwer, die Geduld zu wahren, bis ich dann erfuhr, daß er eine Geliebte hatte. Da zögerte ich nicht mehr, mit ihm zu reden, aber vernünftig. Schließlich machte ich ihm klar, daß ich mir das nicht gefallen lassen würde, wenn er nicht Vernunft annähme. Als einzige Antwort sagte er mir, es gäbe nichts zwischen ihm und dieser Frau, von der man behauptete, sie sei seine Geliebte. Einige Tage später wurde mir aber das Gegenteil bestätigt.

Ohne länger zu warten (aus Trotz oder aus Verdruß, ich weiß es nicht mehr), nahm ich mir einen seiner besten Freunde als Geliebten. Als er davon erfuhr, tobte er wie ein Wahnsinniger. Ich war bereit, ihm weiterhin Hörner aufzusetzen – ohne wirklich Lust dazu zu haben. Auf einmal machte er Schluß mit seiner Geliebten und änderte seine Einstellung. Ich liebte meinen Mann und wußte, daß er mich liebte. Es kam also für mich nicht in Frage, mich scheiden zu lassen.

Heute sind wir für Kritik und Bemerkungen von Außenstehenden über unsere Ehe weniger empfänglich, was unser gemeinsames Leben sehr erleichtert.

Eine Lehrerin
(30 Jahre alt, Staatsexamen an der Philosophischen Fakultät)

Mein Leben gleicht dem Leben meiner älteren Geschwister in keiner Weise. Bis zum Abitur führte ich ein solides Dasein in meiner Familie. Nach dem Abitur mußte ich Verantwortung übernehmen, da ich das elterliche Haus verließ, um in einem Studentenwohnheim zu leben. Für mich bedeutete das den ersten Schritt zum politischen Bewußtsein. Ich mußte mir im Umgang mit Jungen eine Meinung über verschiedene Probleme bilden, mit denen ich bisher nie konfrontiert worden war (Politik, Sexualität . . .). Ich engagierte mich schließlich in einer Studentenorganisation und lebte mit einem Jungen zusammen, der Student war. Als meine Eltern davon erfuhren, war es ein Skandal für sie. Ich stamme allerdings aus einer Familie, die mit der Tradition sehr verbunden ist und sich überhaupt nicht vorstellen kann, daß ein Mädchen vor der Ehe sexuelle Freiheit genießen kann. Während meines politischen Engagements wechselte ich mehrmals meine Geschlechtspartner aus diesem oder jenem Grund (wir bekamen entweder Krach oder hatten Meinungsverschiedenheiten . . .). Nachdem ich schließlich mit einem Studenten ein Jahr lang zusammengelebt hatte, haben wir uns entschlossen, zu heiraten. Meine Eltern waren damit wenig einverstanden. Sie hätten es vorgezogen, für ihre Tochter einen «wohlsituierten Mann» auszuwählen. Ich brauchte nicht lange, um mich zu entscheiden. Es ging um meine Zukunft. Ich heiratete. Ich bedauere, daß ich dazu gezwungen war, mit meiner Familie zu brechen, ich hatte aber keine andere Wahl. Ich bekam zwei Kinder in meiner Ehe. Zur Zeit versuchen meine Eltern vorsichtig, wieder den Kontakt mit mir aufzunehmen. Ich bin ihnen eigentlich nicht böse.

II. Vom Leid der Schwarzafrikanerinnen

Die Probleme, an denen die schwarzen Frauen leiden, sind viel-
schichtig. Diese schwarzen Frauen, ob sie von den Antillen, aus
Amerika oder aus Afrika stammen, haben ganz andere Probleme als
ihre weißen und gelben Schwestern, obwohl sich alle Frauenpro-
bleme im Grunde überschneiden. Was sie gemein haben, ist ihre
Situation, ausgebeutet und unterdrückt zu werden durch das gleiche phallokratische System, «schwarz», «weiß» oder «gelb». Es ist
keine Seltenheit, in Afrika oder in Europa, Frauen anzutreffen, die
geschlagen werden, deren Männer legal oder illegal Vielweiberei
betreiben. Die Polygamie wird ihnen von außen auferlegt. Frauen
werden, auch heute noch, als Objekte angesehen, als Untermen-
schen. Man verhält sich so, als hätten sie kein menschliches Bewußtsein. Das schlagendste Beispiel sind die kleinen Mädchen, die
gleich nach ihrer Geburt verheiratet oder verlobt werden. So kann
man in einem Land wie Mali, und besonders in der Region Ségou,
Familien finden, in denen alle Mädchen ganz jung oder sogar bei der

Geburt verlobt werden. Als Grund wird angegeben, daß ein Frauenmangel entsteht, da die Männer in dieser Region dazu neigen, die Polygamie zu praktizieren. Aber es handelt sich hier nur um eine Hypothese.

Manche dieser Ehen werden nur aus Gründen des Sozialprestiges ausgehandelt. Wenn ein Mann eine Tochter aus «gutem Hause» heiratet, gewinnt er gesellschaftlich ein höheres Ansehen, mehr Achtung. So sind Männer eifrig bestrebt, um die Hand eines noch ungeborenen Mädchens für ihren schon geborenen Sohn anzuhalten.

Welchen schwarzafrikanischen Staat man auch betrachtet, es scheint, daß die Polygamie überall grassiert. In Guinea, einem Land, wo man sich als progressiv versteht, wo das Staatsoberhaupt Ahmed Sékou Touré sich für ein sozialistisches System entschieden hat, ist die Frau immer noch mit Problemen konfrontiert, die auch ihren senegalesischen, malischen, ghanischen, nigerianischen Schwestern bekannt sind.

Die Polygamie besteht dort weiter, obgleich man Maßnahmen getroffen hat, sie zwar nicht zu verbieten, aber doch einzuschränken. So kann man in «Erotisme africain»[14] lesen:

«Die guineischen Frauen dürfen weder Produktionsmaschinen im Wirtschaftsleben der Nation sein noch Haushaltsmaschinen im Familienleben. Sie müssen zu Arbeiterinnen werden, die sich des wirtschaftlichen Aufbaus der Nation bewußt sind, und zu vollwertigen Partnern in unseren Familien.

Jugend Guineas, die Polygamie liegt in euren Händen, ihr könnt sie erhalten oder sie abschaffen, im Einklang mit eurer Erziehung und eurer Willensstärke in dem Gefüge eines neuen Afrika, das sich von der Unterlegenheit und der Unterdrückung der Frau für immer frei gemacht hat.»

Nachdem Pierre Hanry diese Worte von M. Sékou Touré, dem Präsidenten der Republik Guinea, zitiert hat, fährt er später in seinem Text fort:

«Wie auf allen Gebieten, schien die revolutionäre Kampagne des Generalsekretärs der Demokratischen Partei Guineas[15], wo immer sie 1965 erprobt wurde, auch hier ‹das Stadium des Verbalismus nicht durchbrochen› zu haben.»

---

14 Pierre Hanry, *Erotisme africain*, Payot, Paris, 1970, S. 74.
15 ebenda, S. 75.

Ganz sicher ist die Polygamie in Guinea heute noch üblich, aber es ist vielleicht ein Fehler, diesen letzten Gesichtspunkt von Pierre Hanry zu betonen. Er sieht das Problem falsch, wenn er die Verantwortung dem Staatschef zuschiebt. Es ist eine Verblendung, bewußt oder unbewußt, wenn man es so hinstellt. Durch willkürliche Maßnahmen, die von den Volksmassen und vor allem von den Hauptbetroffenen, den Frauen, nicht verstanden werden, wird man gewiß nicht zu einer Gleichheit in den Rechten wie den Pflichten gelangen, die noch neu zu definieren sind. Nur durch einen ständigen Kampf wird es den Frauen gelingen, Mittel zu ertrotzen, Stückchen von Gleichheit und schließlich eine von allen befolgte und allen auferlegte Gleichheit.

Eine Reorganisation der schwarzafrikanischen Staatshaushalte ist notwendig. Ebenso wie eine soziale Neuordnung. Die Sitten und Gebräuche müssen überdacht werden, denn für die wirksame Befreiung der Frau ist ein Wandel der Mentalität unerläßlich. In Schwarzafrika müßte man unbedingt zu einer totalen Umwälzung der Kolonial- und Neokolonialstrukturen kommen, und besser noch, zu einer radikalen Revolution. Unter anderen Bedingungen die Befreiung der Schwarzafrikanerin zu planen heißt, sich in Illusionen zu wiegen. Wir sagen bewußt «Befreiung» der Frau, ein Ausdruck, den wir dem Ausdruck «Emanzipation» vorziehen, der den Gedanken an eine der Frau zugeschriebene «typische Infantilität» anklingen läßt. Es läuft darauf hinaus, die Frau mit einem Kind gleichzusetzen, dem man die Möglichkeit gibt, sich zu emanzipieren. Denken nicht viele Menschen so? Und vielleicht muß man auch in diesem Sinne die Unterjochung der Frauen verstehen.

Das Christentum wartete bis zum sechzehnten Jahrhundert, bevor es den Frauen eine Seele zuerkannt hatte. – Wieviel Zeit wird man noch brauchen, bevor man auch die Neger und vor allem die Negerinnen als Wesen mit einer Seele anerkennt?

Wie sieht es praktisch mit der Polygamie aus, unabhängig von jeglicher religiöser Betrachtung. In Frankreich oder in einigen anderen europäischen Ländern befindet sich die Frau vor dem Gesetz im Recht, gegen ihren Mann, der sich offensichtlich polygam verhält – das heißt, der eine oder mehrere Geliebte hat –, vorzugehen, entweder indem sie die Scheidung fordert oder indem sie ihren Mann wieder dazu bringt, ihr gegenüber freundlichere Gefühle zu zeigen. Ein solcher Schritt käme für die islamische Frau nicht in Frage, da sie sich in einem System der institutionalisierten Polygamie bewegt und es kein Widerspruchsrecht für sie gibt. Ein solches Vorgehen wäre auch abwegig in Schwarzafrika, wo es allgemein nur die religiöse und nicht die zivile Eheschließung gibt. Dieser Unterschied der schwarzen Frauen und der weißen findet sich praktisch auf allen Ebenen wieder. Hier liegt der wesentliche Grund, warum wir sagen können, daß der Kampf der schwarzen Frauen und der weißen Frauen nicht auf der gleichen Ebene stattfindet. Den meisten Europäerinnen fehlt es nicht am Nötigsten, wogegen die Negerinnen nichts anderes versuchen, als zu überleben, sowohl was die Institutionen anlangt als auch die Lebensbedingungen. Mit anderen Worten, der Kampf der Frauen – selbst wenn er nicht zu einer radikalen Revolution der Gesellschaft und ihrer gesamten Strukturen führt – bringt unmittelbar mehr Gewinne für die Europäerinnen. Die Fronten sind für die Negerinnen und die Europäerinnen nicht identisch. Die Schwarzen müssen gegen den Kolonialismus oder den Neokolonialismus, den Kapitalismus und das patriarchalische System kämpfen. Die Weißen kämpfen lediglich gegen den Kapitalismus und das Patriarchat.

1. Klitorisbeschneidung und Infibulation[16]

«Nachdem die Matrone mit den Fingern die Labia majora und die Labia minora des Mädchens auseinandergezogen hat, befestigt sie sie im Fleisch, an beiden Seiten der Schenkel, mit Hilfe von großen Dornen. Mit einem Küchenmesser durchsticht sie die Vorhaut der Klitoris, dann schneidet sie sie ab. Während eine andere Frau das Blut mit einem Tuch aufsaugt, bohrt die Mutter mit dem Fingernagel ein Loch entlang der Klitoris, um dieses Organ herauszuschälen. Das Mädchen stößt entsetzliche Schreie aus, aber niemand kümmert sich darum. Die Mutter zieht schließlich die Klitoris heraus, die sie mit der Messerspitze löst und entfernt. Die Hilfskraft wischt wieder das spritzende Blut ab. Die Mutter hebt die Haut mit Daumen und Zeigefinger an, um so die Scheide vollkommen zu weiten. Dann bohrt sie mit der Hand ein tiefes Loch, aus dem das Blut hervorschießt. Die Nachbarinnen, die die Operation überwachen, tauchen eine nach der anderen ihren Zeigefinger in die Wunde, um sich zu vergewissern, daß die Klitoris auch ganz entfernt worden ist.»

Dann geht die Operation weiter:

«Nach einer kurzen Atempause nimmt die Mutter wieder das Messer und schneidet die Labia minora ab ... Dann legt sie den Rand der Labia majora bloß, indem sie ihn mit dem Messer häutet ... Wenn die Wunde richtig offen ist, schneidet sie ihn mehrmals der Länge nach ein, dann durchlöchert sie ihn mit Messerstichen ... Ist die Häutung vorschriftsmäßig abgeschlossen, führt die Mutter die blutende Labia majora zusammen und befestigt die eine

---

16 Jacques Lantier, *La cité magique et magie en Afrique noire*, Arthème Fayard, Paris 1972, S. 277–278.

Wir wollen die Beschreibung von Jacques Lantier nicht bezweifeln, aber wir fragen uns doch, ob es die Mutter ist, die ihre Tochter operiert, und ob andere Frauen das Recht haben, das beschnittene Mädchen abzutasten, wie der Autor berichtet. Sei es in Mali oder im Senegal, die Beschneiderin ist stets eine Frau, die der Kaste der Schmiede angehört. Ihr Beruf besteht darin, Beschneidungen und Infibulationen durchzuführen.

Die Grausamkeit, die bei dieser Beschreibung herauskommt, soll nicht etwa über die wesentliche Charakteristik dieses Volksstammes informieren, sie stellt für uns ein Element zur Verurteilung dieser Beschneidungs- und Infibulationspraktiken dar.

Seite an der anderen mit Hilfe von langen Akaziendornen ... Die Mutter beendet ihren Eingriff mit dem sorgfältigen Einführen einer sehr schmalen Röhre, die nur den Urin und das Menstrualblut durchläßt.»

Vom Ursprung der Beschneidung

Wer führt heutzutage die Beschneidung durch? Und die Infibulation? Wo geschieht es auf der Welt?[17]

Die Beschneidung und die Infibulation werden in Schwarzafrika von den Moslems wie auch von den Christen und den Animisten durchgeführt. Dies ist der Fall, unter anderen, bei den Tukulor, den Diula, den Mandingo und den «Niominke»-Serer (wenn auch nicht bei allen). Angesichts der Polemik zwischen den Anhängern der Beschneidung und der Infibulation und denjenigen, die schlicht und einfach für ihre Abschaffung sind, ist eine Untersuchung ihrer Ursachen notwendig.

Man hat oft gesagt, daß die Beschneidung vom Islam herrührt. Nun gibt es aber im Koran, der Grundlage der islamischen Religion, keinerlei Anspielungen in dieser Richtung:[18] Die islamische Religion ist also keineswegs ihr Ursprung. Trotzdem verbindet man – allgemein – die Beschneidung mit dem Islam. Nachdem ich arabische Chronisten und islamische Kirchenoberhäupter in Schwarzafrika befragt habe, hielt ich folgendes fest.

Lange vor dem Propheten Mohammed gab es einen Propheten namens Ibrahima[19]. Verheiratet mit seiner Cousine Sarata[20], begab er sich nach Gerar, wo König Abimelek herrschte, dessen Lieblingsbeschäftigung es war, alle schönen Frauen ihren Männern zu entführen. Nun traf es sich, daß Sarata eine beachtenswerte Schönheit war. Der König zögerte nicht und versuchte, sie ihrem Gatten zu entführen. Eine übernatürliche Macht hinderte ihn, sie zu mißbrauchen; er war so erstaunt darüber, daß er sie freiließ. Er schickte sie nach Hause, nachdem er ihr eine Sklavin namens Hadiara zum Ge-

---

17 Elfenbeinküste, Obervolta, Mali, Guinea, Niger, Senegal, Somali, Sudan, Afar und Issas, Saudiarabien, Ägypten, Äthiopien, Yemen, Irak, Jordanien, Syrien, Südalgerien, Benin.

18 Vgl. Koran, in arabisch geschrieben oder in verschiedenen fremdsprachlichen Übersetzungen.

19 Abraham

20 Sarah

schenk gegeben hatte. Sarata und ihr Mann lebten lange Zeit kinderlos. Schließlich heiratete Ibrahima Hadiara: Einige sagen, es war Sarata, die ihn bat, ihre Sklavin zur Frau zu nehmen, da sie ihm kein Kind schenken konnte. Soviel ist sicher, daß die beiden – Sarata und Hadiara [21] – Nebenfrauen wurden. Ibrahima bekam von Hadiara einen Sohn: Ismaila [22] und von Sarata Ishagha [23].

Die Beziehungen der beiden Frauen verschlechterten sich. So geschah es eines schönen Tages, daß es Sarata gelang, Hadiara zu beschneiden. Einige sagen, daß sie ihr die Ohren durchstach, andere bleiben dabei, daß sie sie beschnitten hat. In diesem Punkt gibt es Abweichungen bei den verschiedenen Chronisten. Ebenso wie manche sagen, daß, von diesem Tag an, die Beschneidung zu einem gängigen Brauch bei den Moslems wurde. Man ist dennoch versucht, sich zu fragen, warum sich nicht alle Moslems beschneiden lassen. [24]

Zur Zeit des Propheten Mohammed war die Beschneidung ein gängiger Brauch. Er verbot sie nicht. Aber er empfahl sie auch nicht. Daher kommt die Zweideutigkeit seines Gebots. Einzige Quelle, die sich auf die Beschneidung bezieht und die man in den Hadith wiederfindet und an die Benoîte Groult in ihrem Buch *Ainsi soit-elle* [25] erinnert: «Greife nicht radikal ein, das ist besser für die Frau.»

Im Gegensatz zur Beschneidung bei Mädchen, ist die Beschneidung bei Jungen in der islamischen Religion, ganz wie in der jüdischen Religion, das Zeichen des Bündnisses zwischen Gott, Abra-

---

21 Agar
22 Ismael
23 Isaak
24 Auch in der Bibel wird die Beschneidung von Hadiara nicht erwähnt, von der so berichtet wird: «Sarai, die Frau Abrams, hatte ihm kein Kind geboren; sie besaß aber eine ägyptische Magd mit Namen Hagar. Da sprach Sarai zu Abram: ‹Siehe, Jahwe hat mir Kinder versagt. Wohne meiner Magd bei! Vielleicht werde ich durch sie zu Kindern kommen.› Abram hörte auf den Vorschlag Sarais. So nahm denn Sarai, die Frau Abrams, ihre ägyptische Magd Hagar, nachdem Abram schon zehn Jahre in Kanaan gewohnt hatte, und gab sie ihrem Manne Abram zur Frau. Er wohnte Hagar bei, und sie empfing. Als diese aber merkte, daß sie empfangen hatte, da wurde ihre Herrin gering in ihren Augen. ... Nun behandelte Sarai sie hart, so daß sie ihr entfloh.» Aus dieser schlechten Behandlung ergeben sich die unterschiedlichen Interpretationen.
25 *Ainsi soit-elle*, Paris, Grasset, 1975, S. 106. Die erste Arbeit, in der diese Bräuche politisch analysiert wurden.

ham und seinen Nachkommen. So kann man in der Jerusalemer Bibel (Herder, Freiburg i. Br., 1968) lesen: «Weiter sprach Gott zu Abraham: ‹Du aber wahre meinen Bund, du und deine Nachkommen nach dir durch alle Geschlechter. Dies aber ist mein Bund, den ihr wahren sollt zwischen mir und euch und deinen Nachkommen nach dir: Alles Männliche unter euch soll beschnitten werden, und zwar sollt ihr an dem Fleische eurer Vorhaut beschnitten werden. Dies sei zum Zeichen des Bundes zwischen mir und euch.›»

Einige Zeugnisse

Peka:
Ich war gerade zwölf Jahre, als ich beschnitten wurde. Mir sind diese Operation und die Zeremonie, in deren Mittelpunkt sie stand, noch vollkommen in Erinnerung geblieben.

In unserem Dorf wurde die Beschneidung nur an zwei Tagen der Woche durchgeführt: montags und donnerstags. Ich hatte gerade Ferien. Ich sollte zur gleichen Zeit wie die Mädchen meines Alters beschnitten werden. Am Tag vor meiner Beschneidung gab es abends Feierlichkeiten. Sie brachten die Jungen wie die Alten des Dorfes zusammen. Die Leute stopften sich mit Essen voll, und der Rummel ging bis in die tiefe Nacht hinein. Am nächsten Morgen, sehr früh, führten mich meine beiden Lieblingstanten (meine Mutter hielt sich zurück) zu dem Haus, in dem sich die Beschneiderin zusammen mit anderen jüngeren Frauen befand. Sie war alt und gehörte der Kaste der Schmiede an. Hier in Mali sind es gewöhnlich Frauen, die aus dieser Kaste stammen, die die Entfernung der Klitoris und die Infibulation durchführen.

Auf der Schwelle des Hauses ließen mich meine Tanten, nach dem Austausch von «Salamaleikum» in den Händen der Beschneiderin zurück. In diesem Augenblick hatte ich den Eindruck, daß mir der Boden unter den Füßen weggezogen würde. Angst? Die Furcht vor dem Unbekannten? Ich wußte kaum, was eine Beschneidung ist. Aber ich habe mehr als einmal Gelegenheit gehabt, die frisch beschnittenen Mädchen laufen zu sehen. Ich kann auch sagen, das war nicht schön anzusehen. Von hinten gesehen, hätte man meinen können, es seien alte Frauen mit halbgebeugtem Rücken, die versuchten, mit einem Lineal zwischen den Knöcheln zu laufen, und bedacht darauf waren, es nicht fallen zu lassen. Meine älteren Schwestern sagten mir, die Operation sei nicht schlimm. Bei dem Gedanken an die Gesichter der Beschnittenen, die ich zuvor gesehen hatte, hatte ich eine unbestimmte Furcht. Versuchten meine älteren Schwestern nicht einfach nur, mich zu beruhigen und meine Ängste zu zerstreuen?

Als ich dann in der Hütte war, wurde ich mit Lobsprüchen bedacht, für die ich, von Angst zerfressen, taub blieb. Ich war verkrampft. Ich hatte eine trockene Kehle. Ich schwitzte, obwohl es nicht warm war: es war am frühen Morgen. «Leg dich hin», sagte mir plötzlich die Beschneiderin und zeigte auf eine Matte, die auf dem Boden ausgebreitet war. Kaum hatte ich mich hingelegt, spürte ich, wie sich feiste Hände um meine zerbrechlichen und dürren Beine legten und sie weit auseinanderspreizten. Ich hob den Kopf. Von beiden Seiten drückten mich zwei Frauen auf den Boden. Auch die Arme konnte ich nicht bewegen. Plötzlich spürte ich, wie sich eine seltsame Substanz über meine Geschlechtsorgane ausbreitete. Erst später habe ich erfahren, daß es Sand war. Er sollte die Beschneidung erleichtern. Ich fühlte mich sehr schlecht. Eine Hand hatte sich eines Teils meiner Geschlechtsorgane bemächtigt: Ich verspürte einen Stich im Herzen. Ich wünschte mir in diesem Augenblick, ich wäre tausend Meilen weit weg, als mich in meinen Fluchtgedanken ein stechender Schmerz in die Wirklichkeit zurückführte. Man war dabei, mich zu beschneiden: Ich erduldete zunächst die Entfernung der Labia minora, dann der Klitoris; und dies dauerte eine Zeit, die mir unendlich schien, denn es mußte «perfekt» gemacht werden. Ich verspürte einen fortwährenden, heftigen körperlichen und seelischen Schmerz: Der Brauch wollte es, daß man in meinem Alter unter solchen Umständen nicht weinte. Ich verstieß gegen diesen Brauch. Schreie und Tränen vor Schmerzen waren meine erste Reaktion. Ich fühlte mich durchnäßt. Ich blutete. Das Blut floß in Strömen. Man hat mir dann eine Mischung aus Heilkräutern und Butter aufgetragen, die das Blut stillte. Noch niemals hatte ich so gelitten!

Danach lockerten die Frauen ihren Griff und befreiten so meinen verstümmelten Körper. In dem Zustand, in dem ich mich befand, hatte ich keine Lust, aufzustehen. Aber die Stimme der Beschneiderin zwang mich dazu: «Es ist vorbei! Du kannst wieder aufstehen. Siehst du, es war gar nicht so schmerzhaft!» Mit Hilfe der beiden Frauen, die sich in der Hütte befanden, stand ich wieder auf den

Beinen. Man forderte von mir nicht nur, daß ich lief, um an den Ort zu kommen, wo sich meine beschnittenen Kameradinnen befanden, sondern auch, als ich schließlich bei ihnen war, daß ich tanzte. Man forderte zuviel von uns frisch Beschnittenen. Es war einfach zuviel. Und trotzdem bemühten sich meine Kameradinnen – mehr recht als schlecht – zu tanzen. Unter den Anweisungen der Frauen, die uns unterstützen sollten, versuchte ich in dem Kreis von Jungen und Alten, einige Tanzschritte anzudeuten. Ich kann nicht sagen, was ich in jenem Augenblick empfand. Es brannte im Schritt. Tränenüberströmt hüpfte ich mehr, als ich tanzte. Ich gehörte zu denen, die man als zart bezeichnet. Ich war schwächlich. Ich fühlte mich mitgenommen und erschöpft. Im Verlauf dieses entsetzlichen Tanzes, der sich unter den Befehlen unserer «Aufseherinnen» dahinzog, hatte ich plötzlich den Eindruck, daß alles um mich herum sich drehte und schwankte. Dann erinnere ich mich an nichts mehr. Ich wurde ohnmächtig. Als ich wieder zu Bewußtsein kam, lag ich in einer Hütte, in der mich mehrere Leute umgaben.

Später waren die schrecklichsten Momente die, in denen ich auf die Toilette mußte. Es dauerte einen Monat, bevor ich wieder vollkommen geheilt war, denn ich kratzte mich immer wieder infolge des Juckreizes, den meine Genitalwunde verursachte. Nach meiner Genesung wurde ich zum Gespött, denn man sagte, ich sei nicht «mutig».

Malierin

(35 Jahre. Studium. Arbeitet in der Direktion einer Behörde. Beschnitten und infibuliert.)

Die Beschneidung und die Infibulation sind Bräuche, die sehr stark in unserer Gesellschaft verankert sind. Auch wenn sich heutzutage die jungen Frauen und jungen Mädchen gegen sie auflehnen, muß man sich eingestehen, daß von seiten der Älteren ein heftiger Widerstand besteht. Was in meiner Familie geschah beweist das deutlich.

Nachdem ich mich über die Schäden informiert habe, die Beschneidung und Infibulation – physisch und psychisch – verursachen können, habe ich, im Einverständnis mit meinem Mann, beschlossen, unsere Töchter weder beschneiden noch infibulieren zu lassen. Wir hatten drei Töchter. Sie sind in Frankreich geboren, während mein Mann und ich studierten. Als wir nach Mali zurückkehrten, war meine Mutter die erste, die mich fragte, ob ich meine Kinder habe beschneiden und infibulieren lassen. Ich habe «Nein» geantwortet und erläutert, daß ich nicht beabsichtige, es zu tun.

Es war während der großen Ferien. Da ich Arbeit gefunden hatte, ließ ich meine Kinder oft bei meinen Eltern und holte sie am Wochenende wieder ab. Als ich eines Tages von der Arbeit zurückkam, ging ich bei ihnen vorbei, um sie zu begrüßen und meine Kinder zu sehen. Ich war erstaunt, meine Töchter nicht zu sehen. Gewöhnlich liefen sie mir entgegen, um mir guten Tag zu sagen. Ich fragte also meine Mutter, wo sie wären. «Sie sind in diesem Zimmer», antwortete sie mir und zeigte auf den Raum, in dem sie gewöhnlich schlafen. Schlafen sie oder wissen sie nicht, daß ich da bin? fragte ich mich.

Ich ging in ihr Zimmer. Sie lagen auf dem Boden, auf Matten, mit einigen Lendenschurzen bedeckt. Beim Anblick ihrer aufgedunsenen Gesichter und ihrer tränenglänzenden Augen stockte mir der Atem, mir entfuhr ein Schrei. «Was ist los? Was ist mit euch geschehen, Kinder?» Aber noch bevor sie antworteten, erreichte mich die Stimme meiner Mutter. «Störe meine Enkelinnen nicht. Sie sind heute morgen beschnitten und infibuliert worden.»[26]

Ich kann nicht sagen, was ich in jenem Augenblick empfand. Was sagen, was tun, gegen meine Mutter? Ich fühlte, wie in mir die Empörung hochkam, aber ich war meiner Mutter gegenüber völlig machtlos. Meine erste Reaktion war, zu weinen. «Du solltest froh sein, daß alles gut für deine Töchter verlaufen ist», sagte eine der anwesenden Frauen. «Das ist die Aufregung!» meinte die andere.

Ehe ich ihnen den nötigen Respekt versagte (was in meinem Milieu sehr ungern gesehen wird) und ihnen sagte, was ich von ihnen und ihrer Handlungsweise dachte, beeilte ich mich, dieses Haus zu verlassen. Wie viele afrikanische Frauen, hatte meine Mutter den Beweis geliefert, daß sie nicht nur ein Recht auf mich, sondern auch auf meine Kinder – ihre Enkelkinder – hatte. Nachdem ich gesehen hatte, in welchem Zustand sich meine Töchter befanden, konnte

---

26 Anmerkung: In der Tat geschieht es nicht selten in Mali, daß die Kinder, die man den Großeltern schickt, damit sie dort ihre Ferien verbringen, beschnitten und oder infibuliert zurückkommen.

ich sie nicht zu mir nach Hause mitnehmen. Sie blieben dort bis zu ihrer Genesung.

Meinen Sie, daß es möglich ist, diesen Bräuchen ein Ende zu setzen?

Das könnte ich Ihnen nicht eindeutig beantworten, aber es scheint mir nicht unmöglich. Zu welchem Preis? Ich weiß es nicht. Aber es kann nichts im Hinblick auf die Abschaffung dieser Bräuche geschehen, wenn die betroffenen Frauen sich nicht zusammentun, um sich durchzusetzen.

Mata

(Malierin, 29 Jahre, verheiratet. Hochschulabschluß an der Philosophischen Fakultät. Beschnitten und infibuliert.)

Ich habe keinerlei Erinnerung weder an die Beschneidung noch an die Infibulation, die ich sehr jung erlitten habe. Erst mit zwanzig Jahren, kurz vor meiner Hochzeit, habe ich meinen Zustand wahrgenommen. Ich habe mich stets in einem engen Milieu bewegt, in dem Sex und Sexualität tabu waren.

Sobald ich mir meines Zustands als Beschnittene und Infibulierte bewußt war, beherrschte mich ein Gefühl der Empörung. Was tun? fragte ich mich. Es kam für mich nicht in Frage, daß ich mich am Tag meiner Hochzeit mit dem Messer «öffnen» ließe, wie es für alle Frauen, die gleichzeitig beschnitten und infibuliert wurden, üblich ist.

Also kam mir der Gedanke, mich in einem Krankenhaus operieren zu lassen. Ich habe mich zunächst an Ärzte gewandt und dann an Hebammen; aber jedesmal bin ich auf Ablehnung gestoßen. Nach einiger Zeit habe ich gemerkt, daß es sich um eine gesellschaftliche Übereinkunft handle. Denn jeder war gegen die Operation. Die Frauen oder Männer, an die ich mich gewandt hatte, um mich im Krankenhaus operieren zu lassen, schauten mich an, als wäre ich ein seltsames Tier.

Ein Arzt hat nicht gezögert, mir zu sagen: «Sie wollen sich der Unzucht hingeben, und dafür brauchen Sie mich als Komplizen?» Es hätte wenig gefehlt, und ich wäre aus seinem Sprechzimmer rausgeflogen.

Ich trug meine Wut und meine Empörung Tag für Tag mit mir herum. Ich erkannte, wie stark der gesellschaftliche Druck sein konnte. Der Tag meiner Hochzeit nahte. Die Chancen, dieser

«Operation unter dem Messer» zu entkommen, wurden immer geringer. Schließlich blieb mir nichts anderes übrig, als gute Miene zum bösen Spiel zu machen und mich ihr zu unterziehen. [27]

Frau X
(44 Jahre. Senegalesin, vom Stamm der Tukulor.)
Aïssata
(12 Jahre. Senegalesin, vom Stamm der Mandingo.)
Aïssata ist mir im Alter von drei Jahren anvertraut worden. Mit sechs Jahren haben wir sie gegen den Wunsch ihrer Eltern in die Schule geschickt. Sie ging dorthin, bis sie zwölf Jahre alt war. Kurz vor dem Ende des Schuljahres, also auch vor ihrer Abschlußprüfung, erlebte sie ein Drama, an dem wir alle – mein Mann und meine Kinder – Anteil genommen haben. Ihr Vater war gekommen, sie zu holen, in der Absicht, sie beschneiden und infibulieren zu lassen. Wohlbemerkt, er wußte, daß ich weder meine Töchter noch seine Tochter hatte beschneiden lassen und daß ich nicht vorhatte, es zu tun. Als sie erfuhr, warum ihr Vater gekommen war, riß sie aus. Sie war drei Tage lang verschwunden. Am vierten Tag habe ich sie ums Haus streichen sehen. Da habe ich sie reingeholt.

Während ihrer Abwesenheit hat ihr Vater uns sehr unerfreuliche Szenen geboten. Jeden Tag stellte er sich vor unsere Haustür, um so laut zu schreien, wie seine Stimme es zuließ. Es schien, als wollte er – mit Absicht – einen Skandal provozieren. Laut schreiend warf er uns vor, seiner Tochter das Lesen und Schreiben beigebracht zu haben. «Ich habe meine Tochter verloren», wiederholte er lautstark. Die Leute liefen von allen Seiten unseres Viertels herbei und machten uns Schwierigkeiten.

Aïssata war wieder zu Hause. Da ihr Vater keine Zeit verlieren wollte, packte er sie mit Gewalt und brachte sie zurück in sein Dorf. An jenem Tag fuhr kein Zug; er reiste mit dem Bus. Machtlos mußten wir ihn gewähren lassen. Über welche Rechte verfügten wir, um uns der Abreise von Aïssata zu widersetzen? Keine.

Einige Tage später erfuhren wir von Aïssatas Beschneidung und Infibulation. Zu unserem großen Kummer.

---

27 War Mata die einzige, die versucht hat, sich zur Wehr zu setzen? Wieviele Versuche der Gegenwehr, der Empörung haben sich als vergeblich erwiesen, genau deshalb, weil sie im stillen und einzeln erfolgten?

Junge Frau aus Mali

(26 Jahre, geschieden. Ein Kind. Diplom in Volkswirtschaft.)

AWA THIAM: Wie denken Sie über das Problem der Beschneidung?

JUNGE FRAU AUS MALI: Ich bin in meiner Kindheit beschnitten worden. Ich spreche aus eigener Erfahrung. Heute bin ich zufrieden mit dieser Operation, der man mich unterzogen hat: Ich vertrete dies Argument, weil die Beschneidung für mich ihre Funktion erfüllt hat. Ich bin jetzt seit vier Jahren geschieden, und nicht ein einziges Mal habe ich das Verlangen verspürt, einem Mann nachzulaufen, oder habe etwa das Fehlen von sexuellen Beziehungen als Mangel, als lebenswichtigen Mangel, empfunden. Daran kann man die Funktion der Beschneidung erkennen: Sie erlaubt der Frau, ihren Körper zu beherrschen.

AWA THIAM: Es ist dennoch überraschend, daß Sie als Beschnittene, trotz aller Informationen, die sie über diesen Brauch haben, daraus Zufriedenheit schöpfen können. Man kann sehr wohl unbeschnitten sein und dennoch die Beherrschung über seinen Körper haben. Also ist die Beschneidung keine Notwendigkeit.

JUNGE FRAU AUS MALI: Aber nein!

AWA THIAM: Aber doch! Wenn ich richtig verstehe, begrüßen Sie die Entfernung der Klitoris, weil sie den Frauen «nützlich» ist. Haben Sie sich nie die Frage gestellt, was diese Operation bedeutet? Welche Rolle spielt die Klitoris? Mir scheint, daß jedes menschliche Organ eine ganz bestimmte Funktion zu erfüllen hat. Und eines davon zu beseitigen, kommt einer Verstümmelung gleich.

JUNGE FRAU AUS MALI: Nun gut, man kann es eine Verstümmelung nennen. Aber ich kann die Beschneidung, wie sie von unseren Vorfahren praktiziert wird – die darin kein Problem sahen – nicht als eine Verstümmelung begreifen: Sie haben tatsächlich nicht die Absicht, zu verstümmeln. Deshalb betrachte ich mich nicht als Verstümmelte. Indessen: würde ich mein Kind dieser Operation aussetzen, dann müßte ich sie unbedingt auch als Verstümmelung betrachten. Denn wenn ich auch die Funktion der Klitoris nicht aus eigener Erfahrung kenne, so habe ich doch von Medizinern und aus Büchern ... von all den schlimmen Folgen erfahren, deren Ursache die Beschneidung sein soll.

AWA THIAM: Denken Sie, daß unsere älteren Frauen nicht wissen, warum sie ihre Kinder der Entfernung der Klitoris aussetzen? Es ist doch naheliegend, daß sie in vollem Bewußtsein handeln. Haben Sie nicht selbst gesagt, daß Sie mit dieser Operation zufrieden sind, weil sie damit vor sexuellem Verlangen geschützt sind? Wird die Funktion dieses Brauches nicht gerade hierdurch ganz deutlich? Viele Frauen wissen genau Bescheid über die Schäden, die ein solcher Brauch mit sich bringt, und zwingen ihn dennoch ihren Kindern und Enkelkindern weiterhin auf.

JUNGE FRAU AUS MALI: Ich kann es schlecht erklären, aber ich begreife die Entfernung der Klitoris immer noch nicht als Verstümmelung. (Schweigen)

AWA THIAM: Haben Sie Gefühle an dem Ort, an dem die Beschneidung durchgeführt wurde?

JUNGE FRAU AUS MALI: Ja.

AWA THIAM: Wie stellen sich diese Gefühle dar? Sind sie schmerzlich oder angenehm?

JUNGE FRAU AUS MALI: Eher angenehm.

AWA THIAM: Und die Infibulation? Was halten Sie davon?

JUNGE FRAU AUS MALI: Ich bin nicht infibuliert worden. Aber mir scheint, daß sie ausschließlich dazu dient, das junge Mädchen an «Beziehungen» zu hindern, bevor es verheiratet ist.

Was aus diesem Interview hervorgeht, ist der offensichtliche Wunsch, unsere älteren Frauen freizusprechen, unter dem Vorwand, daß sie keinerlei wissenschaftliche Information über die Klitorisentfernung besitzen. Das bedeutet eine Unterschätzung. Nach unserer Befragung bei Frauen war das am häufigsten angesprochene Motiv der Einfluß auf das Sexualleben der Mädchen. Häufig wurde der Gedanke ausgesprochen, die Frau am besten auf die Fortpflanzung zu beschränken. Ihre Sinneslust könnte für den Mann eine Gefahr bedeuten. Aber das Paradoxe ist, daß der polygame Mann eine Vorliebe für die nicht beschnittene Frau hat. Wem bringt die Klitorisentfernung also einen Vorteil? Weder der Frau noch dem Mann. Und doch erlaubt sie ihm soviel folgsame und unterwürfige Frauen unter seiner Fuchtel zu haben, wie er es wünscht.

Es geht hier nicht darum, die Lust abzuhandeln, aber man kann sich fragen, wozu es nützt, das Sexualleben der Frau auf ihre Funktion als Gebärerin zu reduzieren, wo sie doch selbstverständlich nicht nur daraus besteht. Warum die Geschlechtsorgane der Frauen durcheinanderbringen, wo sie doch gar nicht darum gebeten haben? Ist das nicht Entfremdung? Muß man diese Bräuche nicht aus jeder Gesellschaft verbannen, genau wie jede andere Verstümmelung an Körper und Seele eines menschlichen Wesens?

Die verstümmelte Sexualität

Sind Beschneidung und Infibulation ein Angriff auf die weibliche Sexualität? Eine solche Frage mag zunächst unsinnig oder nichtig erscheinen. Wir sehen uns aber auf Grund der Meinungsverschiedenheiten über diese Bräuche gezwungen, sie zu stellen. Über die Beschneidung und die Infibulation wurde lange Zeit Stillschweigen bewahrt. Abgesehen von Schriften einiger Kolonisatoren, die sie als verstümmelnde Bräuche darstellen, ist zu der Frage bis vor kurzem nichts getan oder geschrieben worden. Auch heute ist das Interesse nur zaghaft, das man ihr entgegenbringt. Wenige lassen sich darauf ein, darüber zu sprechen, unter dem Vorwand, daß es sich um Sitten und traditionelle Riten handle.

Aber wie werden sie von den Menschen begriffen, die sie ausüben? Wir werden nacheinander einige Fälle analysieren: in Mali, in Somalia, in Afars und Issas [28] ...

In Mali [29]: Hier ist es angebracht, zwischen zwei Volksstämmen zu unterscheiden, die die Beschneidung durchführen. Es handelt sich um die Bambara und die Dogon.

Die Dogon: Bei ihnen ist die Beschneidung obligatorisch. Sie ist geradezu notwendig, da es in ihrem animistischen Schöpfungsmythos heißt, daß das Mädchen «Männliches» und «Weibliches» in sich birgt, was umgekehrt auch für den Jungen gilt. Also muß man alles aus ihnen entfernen, was im Widerspruch zu ihrer wahren Natur steht. Dies führt dazu, daß die Mädchen die Entfernung der Klitoris erleiden und die Jungen die Entfernung der Vorhaut.

In diesem Volksstamm der Dogon wird die Beschneidung bei Mädchen genauso wie bei Jungen als ein Ritus der Reinigung ausgeübt. Sie gibt den jungen Dogon die Möglichkeit, in eine höhere Altersstufe aufgenommen zu werden. Beschneidung bei Jungen und Mädchen wird als Art von Emanzipation des jugendlichen Individuums betrachtet. Es geht darum, in die Gruppe heraufzusteigen, in der man ernst genommen und in der man als verantwortlich angesehen wird. «Das Kind kann nichts Ernsthaftes machen, solan-

---

28 Heute: Dschibuti (Anm. d. Übers.).

29 Mali: 1 240 000 km². 1973 hatte es 5 376 000 Einwohner. Daten aus *L'Annuaire Statistique*, UNESCO, 1974, Paris.

ge es nicht beschnitten ist. » [30] In anderen Worten, das Kind hört auf, Kind zu sein, sobald es beschnitten ist. Ebenso kann ein Mädchen erst ganz als «Frau» angesehen werden, wenn es die Beschneidung durchgemacht hat. Da die Beschneidung als eine Läuterung der Weiblichkeit angesehen wird, läßt sie bei den Erwachsenen den Gedanken aufkommen, sich vervollkommnen zu können. In diesem Volksstamm wird die Beschneidung bei Jungen und Mädchen keineswegs als Verstümmelung der Sexualität begriffen, obgleich er physisch und medizinisch von Außenstehenden durchaus dafür gehalten werden könnte. Das kleine Mädchen, das man beschneidet (selbst wenn sie es wünscht – weil sie wie alle kleinen Mädchen in ihrem Alter sein will und weil man sie dazu überredet hat), empfindet dennoch entsetzliche Schmerzen. Sie fühlt auch, daß man ihrem Körper Schaden zufügt. Sie merkt, daß sie verletzt ist, daß ihr etwas fehlt. Was man auch immer behauptet, sie erlebt eine Verstümmelung, selbst wenn man ihr lange und eindringlich wiederholt hat, daß ihre Klitoris ein männliches Element sei, das in ihrem Körper fehl am Platz ist, dessen man sich entledigen muß. Wenn die Beschneidung nicht so verheerende Folgen für das Sexualleben der Frauen der Dogon mit sich gebracht hätte, könnte man vielleicht ein Auge zudrücken. Aber sie ist die Ursache für Frigidität und gelegentlich auch für Todesfälle. Trotz aller Gründe, die die Dogon geltend machen, um die Beschneidung zu erklären, bleibt diese nicht minder – heutzutage – eine Sitte der sexuellen Verstümmelung.

Die Bambara: Bei diesem Volksstamm sind die Beschneidung und die Infibulation Jahrhunderte alte Traditionen. Im Verlauf unserer Untersuchungen beschränkten sich die angesprochenen islamischen Kirchenoberhäupter und die Mehrzahl der frommen Moslems darauf, uns zu erklären: «Wir führen die Beschneidung durch, weil wir Anhänger der islamischen Religion sind.» Als wir ihnen mit Nachdruck vorhielten, daß es im Koran keine Spur von diesem Brauch gibt, antworteten uns die Gelehrten mehr oder weniger folgendes: «Wenn Mohammed zu Um Atiya, einer Beschneiderin, sagt: ‹Operiere nicht auf radikale Art . . . es ist besser für die Frau›, dann meint er nicht: ‹Operiere nicht mehr›, er sagt auch nicht: ‹Übe

---

30 Marcel Griaule, *Dieu d'eau*, Fayard, Paris, 1975, S. 149.

die Beschneidung nicht mehr aus.›» Nach diesen Argumenten scheint es offenbar manchen Leuten logisch, daß Mohammed auf irgendeine Art die Beschneidung zugelassen hat, indem er sie nicht verboten hat. Dies sind die eifrigen Anhänger der Beschneidung. Andere behaupten zu Recht, daß dieser Brauch keineswegs zugelassen ist, weil Mohammed ihn nicht fordert. Das sind die, die dagegen sind. Die Äußerung Mohammeds über die Beschneidung ist doppeldeutig: aus diesem Grund praktizieren einige islamische Gemeinschaften die Sitte, andere nicht. Was die Infibulation betrifft, gibt es keinerlei Erklärung durch eine Religion oder einen Mythos, um sie zu rechtfertigen. Sie hat als wesentliche Funktion, die Mädchen daran zu hindern, sich «einige Freiheiten herauszunehmen» vor ihrer Hochzeit. Hier handelt es sich nicht darum, einen Nutzen aus der Bewahrung der Jungfräulichkeit des jungen Mädchens bis zu seiner Hochzeit ziehen zu wollen, im Gegensatz zu dem, was Annie de Villeneuve behauptet, wenn sie von den Frauen in Somalia spricht: «Mittel zur jungfräulichen Unversehrtheit, sagen einige Beobachter. Vollkommene Gewißheit, daß das Mädchen unberührt ist, eine Garantie, die die Eltern für ihre Ware geben. Was mich betrifft, neige ich viel mehr zu dieser Behauptung als zu der ersten[31] ...»

Bei den Bambara kann die Infibulation nicht mit einem Garantieschein der Eltern für die Hochzeit ihrer Tochter erklärt werden, sondern eher als eine «Ehren»sache, die ihre Bindung an überlieferte Bräuche erkennen läßt. Man beobachtet nicht selten im islamisierten Schwarzafrika, wie Frauen am Tag nach der Hochzeit ihrer Tochter auf Täuschungsmanöver zurückgreifen, um den Anschein zu erwecken, daß diese noch Jungfrau gewesen sei, obwohl sie es nicht mehr war. Die «Ehre» der Familie ist in Frage gestellt, wenn ein Mädchen zum erstenmal heiratet und nicht mehr Jungfrau ist. Zur Zeit erleben wir eine Lockerung der Sitten und Gebräuche in Mali, aber Beschneidung und Infibulation werden weiterhin durchgeführt, außer vielleicht in einigen intellektuellen Kreisen. Die Malierinnen sind fast alle beschnitten. Nur den Frauen von dem Volksstamm der Sonrai bleibt dieser Brauch erspart, ebenso wie die Infibulation, die in Mali tatsächlich weniger verbreitet ist als die Beschneidung.

---

31 Annie de Villeneuve, *Journal de la société des africanistes* (article: «Étude sur une coutume somalie: les femmes cousues.») Paris, 1937, S. 30.

Abgesehen von dem Verlust der Jungfräulichkeit, der die «Ehre der Familie» in Frage stellt, wird jedes Risiko, ein uneheliches Kind zu bekommen, durch die Infibulation von vornherein ausgeschlossen. (Wird ein uneheliches Kind geboren, bedeutet das für die Leute aus sogenannter guter Familie einen Skandal, eine Schande.) Vielleicht haben sich unsere malischen Schwestern schon gefragt, was mit ihren kleinen, beschnittenen und infibulierten Töchtern geschieht, wenn sie mit Gewalt genommen und vergewaltigt würden? Sie müßten erkennen, daß die Infibulation ein recht unsicheres Mittel ist, um die Jungfräulichkeit zu wahren. (Man muß anmerken, daß die Vergewaltigung in den schwarzafrikanischen Ländern nicht so häufig vorkommt wie in Europa, oder besser, sie existiert in anderer Form; eine große Anzahl von verheirateten Schwarzafrikanerinnen erleiden durch ihren Mann eine legale Vergewaltigung.) So haben wir erfahren, wenn die Hirten in Mali in Perioden der Trockenheit gezwungen waren, in andere Gebiete zu ziehen, um ihre Familie zu ernähren, daß sie ihre Frau teilweise «wieder schließen» ließen. Mit anderen Worten, man operierte diesen Frauen eine neue Infibulation an. Diese Frauen wurden erst bei der Rückkehr ihres Mannes wieder geöffnet. Das sollte sie vor jeder Versuchung zur Untreue oder vor «jeglicher» männlichen Aggression während der Abwesenheit ihres Mannes «schützen». (Hier erscheint die Funktion der Infibulation klar.) Bei der Rückkehr von einer Reise, die zwischen einem und fünf Jahren – oder auch länger – dauern konnte, ließ der Mann seine Frau von neuem mit dem Messer der Beschneiderin des Viertels öffnen; denn hier, im Gegensatz zu dem, was sich in Somalia abspielt, ist es nicht der Mann, der seine Frau operiert, um mit ihr sexuelle Beziehungen zu haben. Dieser Brauch, seine Frau ein zweites oder ein x-tes Mal «schließen» zu lassen, falls man über eine längere Zeit auf Reisen geht, ist alt. Heute verschwindet er allmählich. Oder zumindest trägt alles dazu bei, uns dies glauben zu machen. Im Verlauf unserer Untersuchungen wurden wir darüber nur von sehr alten Frauen informiert, die ihn nicht angewendet oder selber erlitten haben, sondern lediglich davon gehört hatten. Sollte es auch heute noch in gewissen abgelegenen Dörfern üblich sein? Die Frage bleibt offen; für eine Antwort wären vielfältige Untersuchungen nötig.

Jedenfalls ist die Beschneidung und die Infibulation, unter Anwendung von Harz oder Akaziendornen, ein fester Bestandteil der Stammestraditionen der Bambara. Vor kurzem wurden sie erstmals in Frage gestellt durch die «Nationale Organisation der Frauen in Mali». Es gibt offensichtlich Frauen in Mali – Bambara oder nicht, intellektuell oder nicht –, die sich für die völlige Abschaffung der Beschneidung und der Infibulation einsetzen, die diese Verstümmelung bekämpfen. Sie sind im Augenblick in der Minderheit. Aber es wird ihnen gelingen, sich eines Tages Gehör zu verschaffen, wenn sie sich nicht entmutigen lassen.

In Somalia[32]: In dieser Gegend Afrikas sind fast alle Frauen beschnitten. Und zwar vor der Pubertät. Bemerkenswert ist jedoch, daß die Beschneidung stets zusammen mit der zweiten Operation, der Infibulation, durchgeführt wird. Daher nennt man die somalischen Frauen seit jeher «zugenähte Frauen». Man könnte meinen, sie seien mit Nadel und Faden zugenäht. In Wirklichkeit handelt es sich um eine Operation, die darin besteht, den Eingang der Vagina weitgehend zu verschließen. Die großen Schamlippen werden mit Hilfe von Akaziendornen zusammengesteckt, nachdem man sie vorher aufgeschlitzt hat und die kleinen Schamlippen mit der Beschneidung verschwunden sind. Manchmal wird auch Harz benutzt. Genau wie bei den anderen Völkern, die die Beschneidung und die Infibulation durchführen, ist es schwer, den Ursprung dieser Bräuche in Somalia zu ermitteln. Man kann nur auf die religiöse Hypothese zurückgreifen, um die Beschneidung zu erklären, nach Ansicht der Kirchenoberhäupter dieser islamischen Gegend. Was hingegen die Infibulation anbelangt, verschweigt niemand ihren wahren Grund. Sie hat die Funktion, die jungen Mädchen vor ihrer Hochzeit an sexuellen Beziehungen zu hindern. Und zwar im Namen der somalischen Moral, ganz wie in den meisten islamischen Staaten. Andere Motive werden genannt. Man findet sie in dem Artikel von Annie de Villeneuve, einem Artikel, der den Beigeschmack von Kolonialismus und Rassismus hat.

Wir müssen feststellen, daß in diesem Land die Beschneidungs- und Infibulationsbräuche keineswegs als verstümmelnd angesehen werden. Im Gegenteil, sie werden noch heute von den somalischen Frauen, selbst von den jüngeren, mit Nachdruck gefordert, zumal man einen bedenklichen Sittenverfall feststellen muß, wie sie be-

---

32 Oberfläche: 637657 km², Bevölkerung: 3003000 Einwohner, *Annuaire statistique*, UNESCO, 1974, S. 28.

haupten. Wir diskutierten mit einer jungen, somalischen Frau, die dreiunddreißig Jahre alt ist, Rechtswissenschaften studiert hat, in Frankreich lebt, verheiratet und Mutter von zwei kleinen Schulmädchen ist. Wir waren fassungslos, daß sie entschlossen war, ihre Kinder beschneiden und infibulieren zu lassen, sobald sie nach Somalia zurückkehrte. Wir waren völlig verwirrt, als sie uns kein anderes Argument entgegenzusetzen hatte als die offenkundige Lokkerung der Sitten und Gebräuche in allen Gesellschaften. Dies ist ein handfester Beweis dafür, daß die französische, bürgerliche Schule nicht unbedingt dazu beiträgt, sich der Wirklichkeit bewußt zu werden, in denen der Mensch lebt. Sie kann das Fortbestehen uralter Entfremdungen begünstigen. Vergessen wir nicht, daß die französische Schule die Schule einer patriarchalischen Gesellschaft ist und also, ob man will oder nicht, eine patriarchalische Ideologie transportiert.

Die Frauen müssen und können Stellung beziehen zu der Situation, in der sie sich befinden. Es mag ihnen bequem erscheinen, sich ihren Problemen zu entziehen, aber in Wirklichkeit macht sich dies nicht bezahlt. Die patriarchalische Gesellschaft nicht mehr in Frage stellen, indem man einfach alles den Männern überläßt, erlaubt ihnen die Rolle zu spielen, die ihnen von jeher zugefallen war: die des Renommierstücks und des Mädchen für alles.

Die Situation der Frau, wie sie auch immer sein mag im zwanzigsten Jahrhundert, verdient eine Neubetrachtung. Es genügt nicht, diesen Gedanken einfach zu belächeln.

Einige unserer konservativen, schwarzafrikanischen Schwestern sind vielleicht an einem Punkt der Erstarrung angekommen. Auf sie darf man gewiß nicht zählen, um den Status der schwarzen Frauen zu verändern. Diese Veränderung läßt sich nur mit den künftigen Generationen bewerkstelligen. In der Zwischenzeit müssen die, die heute leben, ihre Stimme erheben und ihre Leiden aussprechen.

Nach dieser rückblickenden Abhandlung über die Beschneidung kommen wir zur Analyse ihrer unterschiedlichen Praktiken. Denn die Bedeutung, die die Beschneidung bei den Peul von Fouta annimmt, kann durchaus verschieden sein von der, die sie bei den Dogon oder den Bambara von Mali, den Kikuyu von Kenia hat, usw.

Es stellt sich heraus, daß sie bei den Mohammedanern genausogut durchgeführt wie abgeschafft werden kann. Es besteht keinerlei religiöse Verpflichtung. Es ist eine «Sunna». Nach Mohammed versuchten seine Gefährten, «die Gefährten seiner Gefährten» [33], die Tabih'un, all seine Taten und Gesten nachzuahmen, da Mohammed von ihnen als vollkommenes Vorbild angesehen wurde. So kamen sie dazu, alles auszuführen, was er seinen Gläubigen empfahl. In diesem Zusammenhang ist es interessant, die von Abdelwahab Boudhiba gegebene Definition der «Sunna» heranzuziehen, die folgendes sagt: «Das historische Vorbild, verkörpert durch den Propheten und beschrieben durch die Sunna, ist ein ‹altes› Vorbild. Darunter müssen wir verstehen, daß, je weiter die Geschichte voranschreitet, je weiter entfernen sich die Moslems von ihm, und desto mehr verfällt das Bild, das sie von ihm haben» [34] ... «Weit davon entfernt, Trägerin des Fortschritts zu sein, ist die Geschichte Rückschritt, fortschreitendes Entfernen vom ursprünglichen Vorbild, das zwangsläufig immer mehr mit einem Vorhof umgeben, vergrößert, mystifiziert wird. Geschichte, Prophezeiung, Legende und Mythos verschmelzen schließlich miteinander.»

Man verliert sich darin. So erleben wir heutzutage die Wiederholung von altertümlichen Handlungen, unter anderen die Beschneidung bei Jungen, die Beschneidung bei Mädchen und gewisse Bräuche wie die Polygamie.

Benoîte Groult erwähnt in ihrem Buch einen Bambara-Mythos und einen Nandi-Mythos, die sich auf die Beschneidung bei Mädchen beziehen. So schreibt sie im Kapitel: «Der Haß auf die Möse» [35]:

«Die Bambara schneiden die Klitoris heraus, unter dem Vorwand, daß ihr Stachel *(sic)* den Mann verletzen und sogar seinen Tod herbeiführen könnte.»

«Die Nandi haben beobachtet, daß die Mädchen, denen man dieses unheilvolle Organ gelassen hatte, dahinsiechten und in der Pubertät starben.»

Heutzutage bestehen diese Mythen fort, am weitesten verbreitet ist bei den Bambara der Glaube, daß ein nicht beschnittenes Mädchen wie ein Junge ist. Anders gesagt, es besteht die allgemeine Vorstellung von einer vorspringenden Klitoris, die den Koitus nicht zuläßt. Man kann sich, so heißt es, schwer vorstellen, daß zwei Jungen miteinander sexuelle Beziehungen haben. Die Homo-

---

33 Abdelwahab Boudhiba, *La Sexualité en Islam*, PUF, Paris, 1975.
34 ebenda.
35 Benoîte Groult, ebenda, S. 102.

sexualität wird davon nicht berührt, da sich ja ein Junge und ein Mädchen gegenüberstehen. Von dieser Vorstellung gehen sie aus, wenn sie fordern, daß die Mädchen beschnitten werden sollen. Wir stoßen hier auf ein schwieriges Problem, nämlich wie man von der überlieferten Beschneidung der Hadiara [36] zu einer solchen Auffassung der Beschneidung gelangen konnte. Alles deutet darauf hin, daß die Männer zu einer phallokratischen Politik übergegangen sind, um die Frauen zu einer sexuellen Verstümmelung zu zwingen.

Es ist schwer zu ergründen, ob sich die Beschneidung auf einen Mythos oder auf mehrere Mythen gründet oder ob sie einen historischen Tatbestand weiterleben läßt. Die islamischen Kirchenoberhäupter behaupten, daß dieser Brauch eine Wiederholung der Beschneidung von Hadiara ist, genauso wie bei der Pilgerfahrt nach Mekka die Gläubigen gewisse Taten Mohammeds wiederholen, und wie in der katholischen Religion die Gläubigen versuchen, Taten von Jesus zu wiederholen. Sollte sich ein solcher Brauch ganz von allein aufgedrängt haben? Oder hat dabei das männliche Element mitgewirkt? Wenn man jede religiöse Betrachtung beiseite läßt, ist man versucht, von vornherein die Beschneidung als einen Brauch zu begreifen, der von den Männern eingeführt wurde, um bei den Frauen jede klitorale Lust und jegliches Sexualverlangen zu unterdrücken: unter dem Vorwand, der oft in den Ländern, in denen die Frauen beschnitten werden, vorgebracht wird: daß sie zu sinnlich seien. Die Beschneidung hätte also zum Ziel, dieses «übergroße» Liebesverlangen abzuschwächen, wenn nicht zu unterdrükken. Aber wie sieht es in Wirklichkeit aus?

Die beschnittene Frau ist oft auf ihre Vagina und ihre Gebärfähigkeit reduziert. Wie man in einigen Gesellschaften vom Mann fordert, sein eigener Polizist zu sein, haben es in Schwarzafrika die Männer dahin gebracht, daß die Frauen ihre eigenen Scharfrichterinnen, ihre eigenen «Metzgerinnen» werden. Sie haben schließlich die Bräuche der Beschneidung und der Infibulation soweit rationalisiert, daß sie zum traditionellen oder rituellen Bestand der verpflichtenden, integrierenden und integrierten Bräuche gezählt werden. Das würde teilweise erklären, warum die Frauen für ihre eigene Verstümmelung die Verantwortung übernommen haben. Wie sind die beschnittenen Frauen dazu gekommen, die nicht-beschnittenen Frauen zu verachten? Die Behauptung vom «unmöglichen»

---

36 siehe S. 53.

Koitus zwischen einem Jungen und einem nicht-beschnittenen Mädchen soll den Brauch der Beschneidung rechtfertigen, steht aber in keinerlei Zusammenhang mit dem ursprünglich angenommenen Tatbestand (vgl. Sarata und Hadiara, S. 52), der später eine Handlung religiösen Charakters wurde. Diese Behauptung ist typisch für den Druck, den die Männer der Bambara auf die Frauen ausüben, um diese Bräuche zu radikalisieren und fortzuführen. Wir wollen darauf hinweisen, daß die Männer viel zu gewinnen haben: «Das Verlangen ihrer Frauen wird somit abgeschwächt. Das ist, wie sie sich einbilden, ein Garantieschein für Treue.» [37]

Die Infibulation, ein Zusatz zum Beschneidungsritus, erlaubt, folgenden Schluß zu ziehen: die Männer wollen sich schlicht und einfach – in den Ländern, wo diese Bräuche herrschen – den totalen Besitz des Körpers ihrer Frauen sichern. Niemals ist im Koran gesagt worden, daß die Infibulation durchzuführen sei. Das gilt auch für die Beschneidung, selbst wenn Mohammed dazu einige Worte in den Hadith geäußert hat. Aber für die Infibulation war nicht einmal das der Fall. Man muß also wissen, woher dieser verstümmelnde Brauch kommt.

Man würde nicht zu Unrecht behaupten, daß die Männer, weil sie aus der Frau ihr wahres Herrschaftsgebiet machen wollen, versucht haben, sie systematisch all dessen zu berauben, was ihr durch ihr eigenes Geschlecht ein Vergnügen verschafft, an dem sie nicht beteiligt sind. Benoîte Groult hat dies sehr gut analysiert, da wo sie sich auf die europäische Gesellschaft bezieht. An dieser Stelle sollte man sich auch der Bedeutung der gezähnten Vagina in einigen Mythen, Märchen und Legenden erinnern.

Lesen wir dieses Märchen aus Kordofan [38]:

«Ein Mann heiratete eine Frau, die war über alle Maßen sinnlich und schlief mit allen Männern der Stadt. Und wenn die Frau dem Manne auch mehr Kraft abforderte, als er geben konnte, so war er doch sehr unzufrieden damit. Der Ehemann ging also zu einem Freunde und trug ihm die ganze Sache vor. Der Freund riet ihm, er solle mit seiner Frau in eine andere Stadt ziehen. Als sie umgezogen waren, sagte er seiner Frau, daß alle Männer dieser Stadt zwei männliche Glieder hätten, die außerdem von Eisen wären. Die Frau

37 Benoîte Groult, ebenda.
38 Leo Frobenius, *Märchen aus Kordofan* (Jena, 1923, S. 254–259), zitiert in Samuel, Pierre, *Amazonen, Kriegerinnen und Kraftfrauen*, 1978, Trikont, München.

erschrak. Den Männern der Stadt aber sagte er, daß diese fremde Frau alle Männer zu sich auf das Lager ziehe, ihnen aber nachher mit einer Schere das männliche Glied abschneide. Ungeachtet der Gefahr, verabredete sich einer der Männer mit ihr. Und um sich gegen die Angriffe mit der Schere zu verteidigen, bewaffnete er sich mit einem Messer, das er unter seinem Kleid versteckte. Als die Frau möglichst vorsichtig unter seinen Kleidern entlang strich, berührte sie mit der Hand die Klinge des Messers und glaubte, es seien die beiden Eisenglieder: sie zuckte zusammen. Als der Mann das Klappern ihrer Ringe gegen den Dolch hörte, glaubte er, es sei die Schere. Beide sprangen entsetzt auseinander.»

Der Mythos der gezähnten Vagina findet sich in mehreren Gegenden wieder: unter anderen im Kongo bei den Bena-Lulua, im Gran Chaco bei den Toba, in Japan bei den Aino ... Es ist erstaunlich, festzustellen, wie sehr sich die Vorstellung der Bambara von der Klitoris (Stachel) und die der Toba (Zahn) ähneln. «... die Toba von Gran Chaco betrachten die Klitoris als übriggebliebenen Zahn[39] ...» (Hier wird angenommen, daß alle Zähne der gezähnten Vagina verschwunden sind mit Ausnahme der Klitoris.)

Die Sensibilität jeder Frau wird bei der Beschreibung dieser blutigen Operationen auf die Probe gestellt. «Man hat Schmerzen an der Möse, wenn man das liest? Man hat Schmerzen an seinen Geschlechtsteilen. Es schmerzt am eigenen Herzen, es schmerzt an der menschlichen Würde, es schmerzt für all die Frauen, die uns ähneln und die verachtet, geschunden, in ihrer Wirklichkeit zerstört werden. Und es schmerzt auch für all diese Idioten, die es für unerläßlich halten, ständig überlegen zu sein, und die aus diesem Grund die einfachste und erniedrigendste Lösung für alle beide gewählt haben: den anderen herabzusetzen.»[40] Man kann auch den Aufstand und den Kampf wählen: das ist meine Lösung. Ich möchte es gern erleben und sehen, wie beschnittene und infibulierte Frauen sich gegen diese Bräuche auflehnten, und das in ihrem eigenen Land; das würde bei unseren schwarzafrikanischen Brüdern Entsetzen auslösen. Es ist schon ein großer Schritt, die Öffentlichkeit zu informieren und das Schicksal der Opfer zu beklagen. Wir meinen, daß dies die Situation der Frau eindringlich ins Bewußtsein ruft. Bleibt nur noch, daß dies

---

39 Pierre Samuel, *Amazonen, Kriegerinnen und Kraftfrauen*, 1978, Trikont, München.
40 Benoîte Groult, *Ainsi soit-elle*, S. 101

auf eine konsequente Aktion hinausläuft. Mitleid allein wird nichts lösen.

Das Gebiet der Afars und der Issas[41]. Die Bevölkerung dieses Gebiets, die nahezu aus 60% Moslems besteht, führt die Beschneidung der Klitoris und die Infibulation durch. Genau wie in Somalia gehen hier Beschneidung und Infibulation obligatorisch Hand in Hand. Sie werden streng von der islamischen Gemeinschaft der Afars und der Issas durchgeführt. Die vorgebrachten Gründe sind dieselben, auf die man in Somalia stößt. Zeugenaussagen von Männern wie von Frauen haben ergeben, daß die Mehrheit, wenn nicht fast die Gesamtheit der beschnittenen Mohammedanerinnen frigide sind, daß sie bei ihren Niederkünften Komplikationen hatten und daß sie diese «Verstümmelung» während ihres ganzen Lebens wie einen jederzeit spürbaren Riß mit sich herumschleppen, sei es beim sexuellen Verkehr oder beim Kinderkriegen. Hier werden die Bräuche der Beschneidung und der Infibulation von der Mehrheit der jungen Frauen als verstümmelnd empfunden.

Tödliche Folgen dieser Eingriffe werden auf etwa fünf bis sechs Prozent der Todesfälle in der weiblichen Bevölkerung geschätzt. Die hohe Sterblichkeit der Frauen erklärt sich zumindest teilweise dadurch; dazu kommt die Tatsache, daß in einigen Dörfern die hygienischen Bedingungen fehlen, um den Frauen eine gute Entbindung zu gewährleisten. Die Opfer sind vor allem bei den Geburten zahlreich; die häufigste Todesursache ist nämlich, daß die nach der Beschneidung und Infibulation vernarbten Venen und Arterien oft bei der Entbindung aufplatzen und so eine starke Blutung verursachen, an der die Frauen zuweilen sterben. Dies ist ein Tatbestand in allen Ländern, in denen die Beschneidung und die Infibulation durchgeführt werden. Man kann also nicht behaupten, wie es manche tun, diese Bräuche hätten keine tödlichen Folgen!

Wenn die Methode verfeinert wird, bleibt sie doch «Schlächterei».

In Bamako, der Hauptstadt von Mali, wird heute die Beschneidung zum Teil im Krankenhaus Gabriel-Touré[42] unter Lokalanästhesie der Geschlechtsteile durchgeführt. «Also Sie sehen doch, daß es Fortschritte gibt», versuchen uns einige Malier, Anhänger der

41 Ungefähr 125 000 Einwohner (heute: Dschibuti, Anm. d. Übers.).

42 Das einzige, das wir kennen, wo die Anästhesie vor der Beschneidung angewendet wird.

72

Beschneidung, einzureden. Aber dient diese Methode nicht vor allem dazu, den Fortbestand der Klitorisbeschneidung zu sichern? Wachsamkeit ist angebracht. Außerdem gibt es viele Frauen, trotz der Entscheidung des malischen Staates, daß die Beschneidung im Krankenhaus durchgeführt werden soll, die sich zu der alten Beschneiderin des Viertels begeben, um ihre Töchter operieren zu lassen. Es handelt sich hier um die sehr traditionsbewußten und konservativen Frauen. Unseres Wissens wird die Infibulation noch nicht im Krankenhaus durchgeführt. Aber wie lange noch, bis dieser Brauch in das klinische Programm eingegliedert wird, unter dem Deckmantel des «medizinischen Fortschritts»? Noch halten die traditionellen Beschneiderinnen eine Art Monopol in diesen Praktiken.

Es ist eine gute Sache, diese Bräuche, die den Menschen verstümmeln, an die Öffentlichkeit zu tragen. Konnte Annie de Villeneuve – die als erste über die Beschnittenen und Infibulierten Somalias schrieb – denn nicht informieren, ohne die somalische Gesellschaft und ihre Sitten und Gebräuche nach westlichem Denkschema zu verurteilen? Sie hat sich nicht einmal die Mühe gemacht, diese Beschnittenen und Infibulierten wirklich kennenzulernen, wie die folgenden Passagen bezeugen:

Von den somalischen Frauen sagt sie: «Verrückt, nein. Aber vielleicht bewahren sie einen Instinkt zur Grausamkeit in ihren Köpfen ohne Verstand, die sich gegen die Zivilisation sperren.»[43] Was heißt Verstand? Was heißt zivilisiert werden, oder einfach, was ist die Zivilisation? Im Namen der «Zivilisation» (der einzig anerkannten: der westlichen Zivilisation) sind Verbrechen der Kolonialherren begangen worden, und so geschieht es noch heute von den Neokolonialisten und von dem rassistischen Apartheid-Regime.

Die Einstellung der Annie de Villeneuve ist nicht erstaunlich, weil sie sich der kolonialistischen Sichtweise anschließt. Andere haben im gleichen Sinne wie sie über verschiedene Aspekte geschrieben, die Schwarzafrika betreffen. Ihnen allen antworten wir nur mit einem Zitat von Aimé Césaire: «Eine Zivilisation, die die Probleme nicht lösen kann, die ihr Funktionieren hervorruft, ist eine dekadente Zivilisation.»[44]

Um auf die Darstellung afrikanischer Bräuche bei Annie des Villeneuve zurückzukommen: Es sieht so aus, als ob ihr Zorn auf die

43 Annie de Villeneuve, ebenda, S. 32.

44 Aimé Césaire, *Discours sur le colonialisme*, Présence africaine, Paris, 1973, S. 7 (Aimé Césaire, *Über den Kolonialismus*, 1968, Wagenbach, Berlin).

somalische Gesellschaft andere Ursachen hat als den Ausdruck ihrer Mißbilligung der Beschneidungs- und Infibulationsbräuche. Urteilen Sie selbst: «Bei diesem erschreckend *käuflichen* Volk (von uns unterstrichen) hat eine so barbarische Sitte sehr gut entstehen und heute noch fortbestehen können, zugunsten der Geldgier.»

Worin besteht die Käuflichkeit dieses Volkes? Ist es bestechlicher als jedes andere Volk? Ist es käuflicher als ein räuberisches Volk, das bedenkenlos andere Völker ausbeutet, indem es mordet und verschleppt? Ist es möglich, die Eingeborenen Somalias mit den Eingeborenen des kapitalistischen Frankreich zu vergleichen? Ganz gewiß nicht.

Man kann feststellen, daß Annie de Villeneuve von falschen Hypothesen ausgeht, um positive Schlüsse zu ziehen. Schlußfolgerungen, die sie für wahr hält. Man kann annehmen, daß Annie de Villeneuve nichts von der somalischen Gesellschaft verstanden hat, oder ist sie böswillig, wenn sie schreibt: «Das junge Mädchen erhält keine Mitgift. Es wird schlicht und einfach verkauft. Es ist nichts als menschliches Kapital, das gegen Vieh oder klingende Münze eingetauscht wird.»

Wie steht es mit den französischen Sitten? Und insbesondere mit der Mitgift? Hätte sie Benoîte Groult gelesen, würde Annie de Villeneuve sicher behaupten, daß in Frankreich der Vater seiner Tochter einen Mann kauft, da es für sie unmöglich ist, sich selbst einen zu suchen?[45] Das ist absurd!

Es geht nicht darum, sich Retourkutschen zu geben, aber noch weniger geht es, uns nur im Vergleich zur weißen Welt zu definieren und zu betrachten. Wenn wir Probleme haben, brauchen wir Untersuchungen, die Aussicht auf eine Lösung versprechen. Vor allem muß man vermeiden, sich mit rituellen Bräuchen auseinanderzusetzen – von denen man nichts versteht – und Urteilskriterien anzuwenden, die überhaupt nicht den geistigen Strukturen der Menschen in der beurteilten Gesellschaft entsprechen.

Die Schwarzafrikanerinnen haben genug an dieser Haltung der Kolonialherren und Neokolonialherren gelitten, um heute sagen zu können, daß sie genug davon haben. Dies gilt besonders für die kolonialistischen oder neokolonialistischen Ethnologen und Anthropologen.

---

45 Benoîte Groult, *ebenda*, S. 126. «Unberührt, wie sich's gehört, mußte das junge Mädchen zudem eine Mitgift haben, eine Notwendigkeit, ohne die, was auch immer sein persönlicher Wert war, es zu einem Ladenhüter wurde, ohne Hoffnung auf Heirat, das heißt auf Würde.»

Darf man gegen diese Bräuche kämpfen?

Gibt es Zweifel über die Folgen der sexuellen Verstümmelung bei den Frauen? Wir zitieren drei höchst aufschlußreiche Fälle aus dem Bulletin der medizinischen Gesellschaft für Schwarzafrika in französischer Sprache. [46]

– Frau von dreiundzwanzig Jahren, untersucht im Juli 1973 nach einem Ehedrama. Seit achtundvierzig Stunden verheiratet, droht dieser Frau, die keine Vaginal-Öffnung mehr hat, verstoßen zu werden. Anamnese: Beschneidung im Alter von fünf Jahren, damals zeigte sie keinerlei genitale Mißbildung. Dysmenorrhöe seit der Pubertät.

Befund: Verwachsung der Labia minora mit zwei schmalen Ausgängen, einem oberen, durch den der Urin fließt, einem unteren, durch den mühsam das Menstruationsblut abfließt. Unter Vollanästhesie Öffnung der Vagina. [47]

– Frau von vierundzwanzig Jahren, Jungfrau, Konsultation wegen Unterleibsschmerzen. Laut Befund Verwachsung der Labia minora, Folge einer Beschneidung, die im Alter von vierzehn Jahren durchgeführt wurde. [48]

– Frau von fünfzig Jahren, aufgenommen am 11. Januar 1975 wegen akuter, totaler Harnverhaltung. Anamnese: Beschneidung der Klitoris im Alter von sechs Jahren. Seit zwanzig Jahren Beschwerden beim Urinieren, vom Typ Dysurie und Pollakiurie. Akute Harnverhaltung vor fünf Jahren, mehrmals behandelt durch Dehnung. [49]

Es heißt, daß auf Haiti der Voudou es zuließ, sich durch blutige Rituale zu verbünden, um den Feind besser zu bekämpfen. Haiti war eine der ersten Inseln, die selbständig wurde, noch im 19. Jahrhundert. Falls die Riten der sexuellen Initiation, wie die Klitorisbeschneidung, eine ähnliche verbindende Wirkung haben sollten – etwa in einer kolonialen oder neokolonialen Situation –, muß man sich fragen, ob es dann noch nötig ist, sie als Einigungsfaktor beizubehalten. Vielleicht halten manche ihre Beibehaltung für notwendig.

---

46 *Bulletin de la Société médicale d'Afrique noire* französischsprachiger Gebiete, 1975, Bd. XX, Nr. 3.
47 *Bulletin de la Société médicale d'Afrique noire*, 1957, S. 251.
48 ebenda, S. 253.
49 ebenda, S. 250.

In Schwarzafrika trugen die Blutriten, in Form von Blutpakten zur Einrichtung einer Blutsbrüderschaft bei. Ebenso haben Araber, Europäer (Griechen, Slaven, Germanen ...) Blutpakte gekannt. Diese bestanden darin, das Blut der Beteiligten zu mischen und zu trinken. Dieser Brauch hatte zum Ziel, die Freundschaft, die Solidarität der Teilnehmer zu festigen, indem sie sich so in «Brüder» verwandelten. In diesen Fällen erscheinen die Riten nicht als banale Bräuche, derer man sich entledigen müßte. Sie bekommen eine Funktion, unerläßlich für den Kampf. Man kann annehmen, daß sie Sinnbilder für die Überzeugung darstellen, die Menschen verspüren, wenn sie entschlossen sind, sich gegenseitig im Kampf gegen feindliche Elemente zu unterstützen, oder ihre Befreiung, ihre Freiheit mit ihrem Leben zu bezahlen. So entsteht Solidarität. Militant. Kämpferisch. Befreiend.

Sollte also auch die Klitorisbeschneidung die Beschnittenen verbinden? Dieses Argument erscheint sehr dünn. Muß man es den Frauen aufzwingen? Können sie sich nicht durch andere Mittel als die Klitorisbeschneidung verbunden fühlen? Die Beschneidung kann sehr wohl von den schwarzafrikanischen Gesellschaften abgeschafft werden, ohne daß es gleich eine Auflösung des Volksstammes oder der Kulturgemeinschaft bedeutet. Sie ist nicht unbedingt ein Mittel für den Zusammenhalt, wie einige Neger vorgeben.

In Kenia: In Kenia sagt man uns: Wir halten an diesem Beschneidungsbrauch fest, weil er einen intensiveren sexuellen Lustgewinn erlaubt, oder weil er die Voraussetzung dafür ist, eine religiöse Lehre vollkommen zu erhalten. Wir sollten den Fall Kenia untersuchen.

«Im Namen des Vergnügens, im Namen des Schutzes unseres kulturellen Erbes», so lauten hier etwa die Hauptargumente für den Brauch der Klitorisbeschneidung.

Kenia [50], ein Land mit «progressivem» Anspruch, stellt einen typischen Fall dar, wo die Klitorisbeschneidung nahezu an der gesamten weiblichen Bevölkerung durchgeführt wird.

Man erinnere sich an den Mau-Mau-Aufstand. «... der Führer Yomo Kenyatta, der in *England studiert hat* [51], führt in seinem Buch *À l'ombre du mont Kenya* ganz deutlich aus: ‹Kein Kikuyu, der dieses

---

50 582644 km². 12482000 Einwohner.
51 von uns unterstrichen

Namens würdig ist, wünscht sich, ein nicht-beschnittenes Mädchen zu heiraten, denn diese Operation ist die Voraussetzung schlechthin, um eine vollkommene moralische und religiöse Lehre zu erhalten.›» [52]

Man ist trotzdem erstaunt über diesen Hinweis von Benoîte Groult auf die englische Universität. Wollte sie damit andeuten, daß die Universität «den Neger zivilisiert, ihn an die anderen anpaßt, indem sie ihn von den ‹barbarischen›, ‹primitiven› Bräuchen abbringt, die seinem Volk oder seinem Stamm eigen sind»? Mit anderen Worten, daß sie ihn entfremdet? Gewiß entfremdet sie ihn! Und diese Entfremdung kann durch ein Bewußtseinsdefizit vom «besonderen Wesen des Negers» andauern. Das Bewußtmachen kann die Entfremdung zwar nicht abschaffen, aber doch zumindest zu einer Annäherung oder einem Ansatz beitragen, die ihr entgegenwirken. Erinnern wir uns an Aimé Césaire, an Frantz Fanon ... Daß Intellektuelle darauf beharren, diese sogenannten wilden, barbarischen Bräuche ihrer Vorfahren, unter anderen die Beschneidung, beizubehalten, beweist vielleicht von seiten der Neger ein Bemühen, ihr Wesen, ihre Eigenart wiederzufinden. Eine seltsame Art!, könnte man uns entgegenhalten. Aber diese Form der Rückkehr zu den Ursprüngen ist nur eine Reaktion auf den Kolonialismus, der versuchte, alles zu zerstören, was dem Neger zur Identifikation mit sich selbst dienen konnte. Es ist sozusagen eine Reaktion der Selbstverteidigung. Aber warum gerade diese Reaktion? Man soll ja reagieren, aber man soll nicht die Frauen verstümmeln.

Und hier erklärt man uns bei den Kikuyu, einem Stamm in Kenia, der neun Clans umfaßt, daß die Klitorisbeschneidung unter Voraussetzungen durchgeführt wird, die die Folgeschmerzen der Operation, wenn nicht beheben, so zumindest lindern. So läßt man die, die beschnitten werden wollen, am Morgen ihrer Klitorisbeschneidung sehr früh in einem Fluß baden. Sie werden gezwungen, ungefähr eine halbe Stunde lang im Wasser zu bleiben. Dies hätte eine anästhesierende Wirkung, da die Geschlechtsteile etwas von ihrer Empfindlichkeit verlieren. Die eigentliche Operation ist nur teilweise, wie die Beschreibung von Jacques Lantier bestätigt. [53]

Selbst wenn man annimmt, daß sie keine Schmerzen hat, und daß

52 Benoîte Groult, *ebenda*, S. 105.
53 *La Cité Magique*, Fayard, 1972, Paris, S. 264.

die Lust für die Frau dadurch gesteigert würde, sind dies Gründe, die den Tatbestand der Klitorisbeschneidung rechtfertigen? Erfahren die beschnittenen Kikuyu-Frauen im Verlauf ihres Lebens etwa keine Komplikationen infolge dieser Operation? Empfinden sie wirklich Lust, trotz ihrer Beschneidung? Haben sie leichte Entbindungen, weniger schmerzhafte als die Nicht-Beschnittenen?

Erstaunlicherweise kann man bei Kabongo lesen: «... die Gesänge und die Tänze, die sie begleiten, enthalten das Wesentliche der Gesetze und Gebräuche der Gesellschaft. Mehr als das, sie haben eine vielfältige Bedeutung und bilden eine wirkliche Operationsvorbereitung, die der Klitorisbeschneidung ihren furchterregenden Charakter nimmt ...»

Das klingt so, als ob der Autor dieser Zeilen gar nicht wüßte, welche Probleme die Klitorisbeschneidung den Frauen stellt. Es handelt sich nicht einfach um die Furcht vor einer Operation, sondern um viel mehr, nämlich um die verheerenden Folgen, die diese nach sich ziehen kann. (Man möge sich doch an die drei soeben zitierten Beispiele halten.) Und später an anderer Stelle fährt der Autor fort: «Ganz persönliche Gründe bewegen das Mädchen dazu, beschnitten zu werden ... das junge Mädchen sieht in der Beschneidung vor allem ein Mittel, als ‹vollwertiges› Mitglied der Gemeinschaft anerkannt zu werden.»

In wessen Namen spricht dieser Autor? Gewiß nicht im Namen der Beschnittenen. Kann sich die Zugehörigkeit zu einer Gemeinschaft nicht anders ausdrücken als durch eine Verstümmelung und schlimmer, durch eine sexuelle Verstümmelung?

Vom Wert der Tradition

Das Problem der Beschneidung und der Infibulation ist so komplex, daß man es mit äußerstem Feingefühl behandeln muß. Man muß sich fragen, ob diese Bräuche wohl von den Frauen gewünscht werden?

– Ja, von denen, bei denen die Beschneidung systematisch durchgeführt wird, das entspringt einem Fanatismus. Dies ist der Fall bei gewissen fanatischen Moslems, seien sie aus Saudiarabien, aus dem Yemen, aus Guinea, aus Senegal oder anderswoher.

– Ja, von denen, die strikt daran festhalten, den Fortbestand der Sitten im Namen überlieferter Werte zu sichern. Sie behindern die keimende Widerstandsbewegung jener Frauen, die schlicht und einfach diese Operationen verurteilen.

– Nein, von der Mehrheit der jungen Mädchen (oder kleinen Mädchen), denn sie empfinden sie als echte Verstümmelung, als wahre Tortur, wie sehr sich auch immer die Älteren bemühen, sie vom Gegenteil zu überzeugen.

Man kann nicht behaupten, daß heutzutage alle beschnittenen Frauen, oder beschnittenen *und* infibulierten Frauen, gegen diese Bräuche sind. Die Mehrzahl von ihnen läßt an ihren Töchtern eben diese Operationen durchführen, obgleich sie all die Übel kennen, die daraus entstehen können (Frigidität, Komplikationen bei der Entbindung ...). Sie tun es wider ihren Willen. Sie tun es, um sich nicht von den anderen auszuschließen, weil man es in ihrer Gesellschaft oder in ihrem Stamm «tun muß». Aber sie sind keineswegs von dem tieferen Sinn dieser Bräuche überzeugt. Was tun? Muß man schlicht und einfach die Abschaffung der Beschneidung und der Infibulation fordern? Zunächst wäre man geneigt, dies zu bejahen. Aber auch hier kommt man zu keinem schnellen und kategorischen Schluß. Und besonders dann nicht, wenn man sich auf die Zeilen von Jacques Lantier bezieht, nach denen eine gewisse Art der Beschneidung auch in einigen französischen Krankenhäusern durchgeführt wird, um die Lustfähigkeit einiger Frauen aus der Bourgeoisie zu steigern.

«Wir haben gesehen, daß die jungen Kikuyu-Mädchen beschnitten werden. Sie verspüren keinerlei klitorale Empfindung ohne zwei eigenartige Bräuche.»

... «Die Matronen entfernen die Klitoris nicht ganz; sie lassen ein Stück übrig, das umgedreht wird und am Innern der Vagina vernarbt, um eine rituelle Masturbation zu ermöglichen, indem die männliche Bürste mit der künstlich geschaffenen, empfindsamen Knospe in Kontakt gebracht wird. Ein solcher Brauch steigert die sexuelle Lust der Frauen, unter vollkommener Achtung der Stammesregeln. Ein recht ähnlicher chirurgischer Eingriff wird seit einigen Jahren in Paris bei einer vermögenden Patientenschaft durchgeführt. Ich kenne persönlich einen ausgezeichneten Chirurgen, der an der Vagina junger Frauen ‹verdient›, indem er ihre Klitoris löst und sie in das Innere der Vagina herunterklappt. Es versteht sich von selbst, daß eine solche Veränderung beträchtlich die Empfindung der Frau bei sexuellen Beziehungen steigert. Man steht also verwirrt vor der erotischen Wissenschaft der Kikuyu ...» [54]

Verwirrt, das ist das richtige Wort. Die Frage stellt sich also, ob die Beschneidung unvermeidlich Frigidität hervorruft oder ob sie auch ein Faktor der Luststeigerung sein kann. Wir wollen uns nicht für verstümmelnde Bräuche, woher sie auch immer seien, einsetzen. Wenn diese Operationen von den Frauen als sexuelle Verstümmelungen wahrgenommen und erlebt werden, ist es angebracht, ihnen ein Ende zu setzen.

Jede Frau ist auf die eine oder andere Weise betroffen, wenn sie von Verstümmelungen erfährt, denen weibliche Körper, wer immer sie seien, ausgesetzt werden. Aber es bleibt den Beschnittenen und Infibulierten überlassen, denen, die diese Bräuche erleben und die verheerenden Folgen erfahren, sich öffentlich von diesen hergebrachten Sitten loszusagen und diese Aussage in ihr tägliches Leben zu übertragen. Mit anderen Worten: diejenigen, die dagegen sind, sollen beginnen, sich zu widersetzen und von nun an ein Beispiel zu geben und in ihrem engeren Kreis dagegen zu kämpfen. Es scheint, daß hier die Ansätze zu einer praktikablen Lösung liegen.

Die Beschneidung – Wenn sie sich als sexuelle Verstümmelung erweist, was wir glauben, muß sie abgeschafft, also bekämpft werden, genauso wie die erzwungene Sterilisation [55], die in den Staaten der Dritten Welt und in den USA durchgeführt wird und die von verschiedenen Gruppen der Schwarzen Frauenbewegung abgelehnt wird.

Die Infibulation – Hier gibt es nicht einmal die These, daß sie, wie auch immer, zur Lust der Frau beiträgt. Nach Zeugenaussagen, die wir gesammelt haben, erscheint uns die Infibulation als eine Verstümmelung mit schwerwiegenden und gefährlichen Folgen für die Frauen, sowohl in psychischer als auch in physischer Hinsicht. Man sollte diesen Brauch nicht länger dulden.

Klitorisbeschneidung und Infibulation sind für die Mehrzahl der Schwarzafrikaner und Schwarzafrikanerinnen kein Thema, über das man nachdenkt. Dasselbe gilt für die Situation der Frau insge-

---

54 Jacques Lantier, *La Cité magique et magie en Afrique noire*, Paris, Arthème Fayard, 1972, S. 264.
55 Deren Untersuchung im Gange ist.

samt und objektiv gesehen. Im Rahmen der schwarzafrikanischen Massenorganisationen, mögen sie von rechts oder von links sein, werden diese Fragen umgangen, unter dem Vorwand, man könnte auf dieser Basis die Massen nicht mobilisieren. Wer entscheidet das? Wer verfügt das? Die Männer und die Ideologie, die in ihren Organisationen vorherrscht – die von Grund auf «mackerhaft» sind, obgleich sie auch Frauen umfassen. Wir sollten nicht den Männern folgen, die die Befreiung der Frauen auf den «glorreichen Tag der Revolution» verschieben, sondern verantwortlich unser Schicksal in die Hand nehmen, über unsere Unterdrückung, unsere Probleme selbst nachdenken und selbst mögliche Lösungen angehen. Ohne einen radikalen Bruch mit den Männern anzustreben, müssen wir mit ihnen zusammen arbeiten für die Befreiung der Frauen und der Männer, unter Ablehnung jeder Form von Imperialismus, von Unterjochung, die man immer wieder versucht, auf die Frauen anzuwenden.

Grund genug, die Frauen objektiv zu informieren: ihnen zu sagen, was sie mit der Beschneidung und der Infibulation erwartet. Die erwachsenen Frauen müssen über ihren eigenen Körper herrschen.

Muß man den Kampf mit der Religion aufnehmen? Nein, denn es gibt kein religiöses Motiv, das diesen Bräuchen zugrunde liegt, obgleich es gern behauptet wird. Muß man dann also den Kampf mit den sozialen Strukturen aufnehmen, die diese Bräuche verfestigen? Zweifellos. Aber wie? Indem man eine Pressekampagne im Inland oder im Ausland führt? Jede Aktion auf diesem Gebiet verdient Beachtung. Die Geschichte ist hier reich an Beispielen, aus denen wir Lehren ziehen sollten. Ist es nicht angebracht, daran zu erinnern, daß in der Vergangenheit verschiedene Versuche unternommen worden sind, diese Bräuche abzuschaffen. Unter anderem, die der Kirche der schottischen Mission in Kenia im Jahre 1929, und der Gesellschaft zum Schutz des Kindes, die 1931 in Genf eine Konferenz abgehalten hat. Sie sind alle gescheitert.

Es ist offenkundig, daß der Kampf gegen diese Bräuche nicht geführt werden kann, wenn man die heutigen sozialen Strukturen in den Ländern, in denen diese Bräuche üblich sind, nicht einbezieht.

Darüber hinaus müssen möglichst viele Frauen und Männer in diesen Ländern, sowie die Völker, die diese Bräuche nicht kennen, objektiv informiert werden, so daß sie zu den Problemen der Verstümmelung Stellung nehmen können. Aber wie können sie handeln? Theoretisch oder praktisch? Bestimmt beides: eine objektive Information verbreiten und danach handeln? Aber jede Kampagne muß gemeinsam mit den Frauen durchgeführt werden, die hauptsächlich betroffen sind, oder mit der Bewegung, die die Frauen im Kampf vertritt. Jede andere Kampagne ist nicht nur vom Mißerfolg bedroht, sondern schadet auch der Aktion der Kämpfenden.

2. Die legale Polygamie

*Alle Rechtfertigungen, die man
für die Polygamie erbringt,
erscheinen wie «nachträgliche
Rationalisierungen», die jeder
Grundlage entbehren.* [56]

Angeblich gibt es vielfältige «Motive» und «Gründe» für die Polygamie.

Vom sozialen Standpunkt aus wird die Polygamie in der schwarzafrikanischen Welt als eine Notwendigkeit angesehen. Sie kann den Wunsch widerspiegeln, die Kinderzahl zu steigern und damit die Familie zu vergrößern. Auf diese Weise läßt sie den Gedanken anklingen: Kinder stellen einen Reichtum dar, und je größer eine Familie ist, um so besser ist es (aber für wen?). Indessen wird ein Unterschied gemacht zwischen Polygamie in städtischer Umgebung und in ländlichen Gebieten.

Worin besteht der Unterschied zwischen diesen beiden Formen von Polygamie? Sie mag manchen unbedeutend erscheinen. Es fällt auf, daß in städtischer Umgebung nur die Angehörigen der Wohlstandsklasse (Kleinbürgertum, Kompradoren-Bourgeoisie) sich den Luxus erlauben können, drei oder vier Frauen oder noch mehr zu heiraten. Es kommt vor, daß auch Proletarier eine bis zwei Frauen heiraten, aber das scheint uns dadurch begründet, daß die Städter oft nur deshalb polygam sind, um sich zur Schau zu stellen. Sie wollen damit «potent» erscheinen. Das ist eine Art Luxus. Weil ein Mann Geld hat, gesteht er sich alle Rechte zu, unter anderen auch die Möglichkeit, mehrere Frauen zu haben. Im Namen wovon? Des Überflusses, einer übersteigerten Lust? Einer «überfließenden» und kapriziösen Sinnlichkeit? Alle stimmen in der Erkenntnis überein, daß die Polygamie keine auf Schwarzafrika beschränkte Sitte ist und noch weniger für die islamischen Staaten. Ob legal oder nicht, ist die Vielweiberei in allen Ländern, europäisch oder nicht, üblich. Und immer ist es die Frau, die «eins in die Fresse kriegt». Der Mann leidet keineswegs an dieser Situation.

---

56 Jean Surat-Canale, *La Femme dans la société africaine*, Bibliothèque du Musée de l'Homme, DT 350. 9. Z. 5. M. Paris.

Aber was bedeutet die Polygamie für einen Bourgeois? Zunächst ist man versucht zu sagen, sie sei ein Zeichen des Reichtums, des Wohlstands. Aber in Wirklichkeit beweist sie nichts, wenn man jene Männer berücksichtigt, die nicht die Mittel haben, tatsächlich zu heiraten und öffentliche Gelder vergeuden, bis sie sich schließlich im Gefängnis wiederfinden. Handelt es sich also darum, anderen Sand in die Augen zu streuen? Illusionen zu erwecken? Oder handelt es sich einfach um Entfremdung? Wir befassen uns hier mit der Polygamie, die in Schwarzafrika üblich und eingeführt ist. In Kreisen der Bourgeoisie wie des Proletariats wird die Polygamie als ein Versprechen auf baldigen Reichtum angesehen: Ehefrauen und Kinder sind dessen Quelle. Die Deutung der Polygamie als Zeichen des Wohlstands, als Phänomen des Luxus kann nicht akzeptiert werden. Man muß feststellen, daß neben einer verschwindend kleinen Minderheit an wohlhabenden Leuten eine überquellende Menge von Ausgebeuteten, von Armen steht, und man muß sich fragen, ob die polygamen Männer nicht einfach Egoisten sind, Gewissenlose, Verantwortungslose, Männer, die einer Gehirnwäsche unterlagen. Man muß sich auch fragen, warum in städtischer Umgebung die einfachen Männer, Proletarier, Arbeiter ebenfalls polygam werden. Ökonomisch gesehen sind sie durch nichts dazu befähigt. Trotzdem tun sie es. Warum? Die Motive, die im Verlauf unserer Untersuchungen von der männlichen Bevölkerung vorgebracht wurden, machen deutlich, daß für 80 % der Befragten das Problem im Bereich der Sexualität liegt und daß es für sie nichts mit Luxus zu tun hat. Eine zweite, eine dritte oder x-te Frau erklärt sich durch die einfache Tatsache, daß eine Ehefrau-und-Mutter, die über Verhütungsmaßnahmen nicht informiert ist, eine anhaltende sexuelle Abstinenz verlangt, die gegen Ende ihrer Schwangerschaft beginnt. Hier gibt es eine Unterbrechung im Sexualleben, die erst wieder aufgehoben wird, wenn das Kind zu laufen oder zu sprechen beginnt; je nach Volksstamm.

Diese Praxis ist nicht besonders rückständig. Sie erlaubt eine gewisse Regelung der Geburten, zwischen denen im allgemeinen ein Abstand von zwei Jahren liegt. Diese Sitte mag teilweise die Polygamie in städtischer und ländlicher Umgebung erklären. Aber es ist dennoch kein Argument, um sie zu rechtfertigen. Wenn sich die Frau sexueller Beziehungen enthalten kann, warum soll das nicht auch für den Mann gelten? Es sei denn, wir sagten: Es ist alles erlaubt. «Männer, Ihr wollt polygam sein, seid es, und laßt die Frauen in Frieden.» Sie haben, wenn sie es wünschen, auch das Recht auf Vielmännerei. Aber das ist es nicht, wonach sie im Augenblick suchen. Was die Männer machen, «das ist natürlich»! Aber die Frauen haben keinerlei Recht, das zu wollen, was die Männer tun. Auf dieser Ebene muß man zu einer Revolution der Familienstrukturen und anschließend der Sozialstrukturen kommen.

Inzwischen gibt es auch andere Lösungen. Frauen können genauso wie Männer eine verlängerte Enthaltsamkeit vermeiden, die dem psychosomatischen Gleichgewicht des Individuums schadet. Mit Sicherheit gibt es die Pille, die Spirale, das Diaphragma und viele andere Verhütungsmittel. Wenn also das einzige Motiv, das die Männer zur Verteidigung der Polygamie haben, die Abstinenz ist, die ihnen die Mutterschaft ihrer Frauen auferlegt, so kann dies heute nicht mehr aufrechterhalten werden. Was nicht heißen will, daß dieses Motiv in der Vergangenheit nicht vertretbar gewesen wäre.

M. Madeira Keita erklärt, wenn er uns über die Polygamie bei den Malinke spricht: «Für anderthalb bis zwei Jahre brauchen die Säuglinge mangels anderer geeigneter Nahrung die Muttermilch. Und solange sie das Kind stillt, beachtet die Mutter strikt die Enthaltsamkeit. Der Ehemann findet diese Wartezeit natürlich zu lang. So entsteht ganz deutlich das sexuelle Motiv der Polygamie.» [57]

Warum gestatten sich Proletarier mehrere Ehefrauen? Abgesehen von den oben angeführten Gründen vielleicht deshalb, weil es für sie kein Problem darstellt, mehrere Frauen zu haben. Mit anderen Worten, wenn der Brautpreis nicht hoch ist, können sie sich diesen «Luxus» leisten. Im Gegensatz zu den bürgerlichen Heiraten, die zu Spekulationen dienen, ist hier der Brautpreis sehr bescheiden. Trotzdem sollte das Geld besser dazu dienen, den Lebensstandard der Familie zu verbessern, als den Kauf einer neuen Frau zu ermöglichen. Die Entfremdung und die einfachen Heiratsbedingungen in dieser sozialen Klasse erklären teilweise die steigende Zahl der polygamen Proletarier. Sie sind gezwungen, ihre Ehefrauen in einer einzigen Behausung unterzubringen, einem einzigen Haushalt, wo sie sich zerfleischen und ihren Kindern den gegenseitigen Haß eintrichtern, den sie als Mitfrauen aufeinander haben. Ist dieser Punkt nicht einer der übelsten Nachteile der Polygamie?

Was die polygame Ehe in ländlicher Umgebung betrifft, so wird

---

57 Madeira Keita, *Aperçu sommaire sur les raisons de la polygamie chez les Malinké*, Bibliothèque du Musée de l'Homme, 1950, DT 539 ZM, Paris.

allgemein die Arbeitskraft als Motiv angegeben. «Je mehr Frauen ich habe, um so vorteilhafter wird es sich für mich ökonomisch auszahlen.» Hier stellen wir uns die Frage, ist es die Bestimmung des Mannes, zu raffen und zu horten? Das glauben wir nicht.

Für manche in Afrika ist eine zahlreiche Nachkommenschaft ein Zeichen von Reichtum. «Eine große Familie ist reich und angesehen. Die Männer bilden ein wahres Bataillon.» [58] Befinden wir uns denn andauernd im Kriegszustand, um ständig Bataillone schaffen zu wollen? Wäre es nicht ein besseres Argument zu sagen, daß Schwarzafrika Köpfe braucht, die denken, und Arme, die zupakken? Je mehr es davon gibt, um so besser ist es für die völlige Befreiung Afrikas von den verschiedenen Zwängen, denen es unterworfen ist und die es zugrunde richten. Das Ergebnis ist immer dasselbe, was auch das Motiv sein mag, das es ausgelöst hat. Das Problem ist – praktisch – zu erproben, was man mit einer Masse von jungen Leuten erreichen kann in einem ständig von Kolonialherren und Neokolonialherren ausgeplünderten, ständig verwüsteten, ausgebeuteten, ausgehungerten Afrika. Ist das nicht ein Grund, Afrika mit vielen Menschen zu bevölkern, die es von diesen verstümmelnden Geißeln befreien: koloniale oder neokoloniale Ausbeutung, Imperialismus, Unterentwicklung ...

Heutzutage ist es schwierig und heikel zwischen Geburtenregelung und unbegrenztem Bevölkerungswachstum zu entscheiden. Nichts rechtfertigt die Polygamie. Sie ist ein Produkt der Gesellschaften, wo der Phallus regiert. Wie geht dies in afrikanischer Umgebung vor sich?

Bei den «wohlhabenden» Klassen kann die Heirat ohne übermäßige Kosten abgewickelt werden. Dies ist der Fall bei Ehen, die in gewissen Kreisen frommer Moslems geschlossen werden. Im Gegensatz hierzu kann sie, wie wir schon sagten, Anlaß zu wahrhaften Spekulationen sein. Das Mädchen wird quasi an den Meistbietenden verkauft. In diesem Fall ist die Heirat nicht mehr Angelegenheit des Gefühls, sondern eher eine Frage des Geldes. Das ist skandalös, könnten wir sagen! Wir sind keine Waren, keine Un-Wesen, über die man durch Korruption oder Druck der Eltern verfügen kann. Der Brautpreis kann in diesen Kreisen ungeheure Summen erreichen, die zwischen 50 000, 100 000 bis über 1 Million Francs C.F.A. schwanken. Er kann zudem von Geschenken beglei-

---

58 Madeira Keita, ebenda.

tet sein: Auto, Fernseher, Nähmaschine und vieles andere, was man so braucht. Das führt oft dazu, die finanziellen Mittel des Mannes, der sich verheiratet, und die seiner Familie (wenn sie von bescheidener Herkunft ist und sich an den Kosten seiner Heirat beteiligt hat) zu erschöpfen, manchmal soweit, daß es sie in den Ruin und/oder ins Gefängnis führt. Dies mag unwahrscheinlich klingen, ist aber momentan in zahlreichen afrikanischen Staaten, häufig so im Senegal, üblich. Dies erklärt zum Teil die Empörung, mit der sich einige Männer gegen das System des Brautkaufs wenden. So gibt es z. B. in Dakar ein Religionsoberhaupt[59], das seine Nichten und Enkelinnen nur für bescheidene Summen verheiratet, die sich zwischen 50 und 2500 Francs[60] bewegen. Außerdem macht er sich jedesmal die Mühe, seinen zukünftigen Schwiegersöhnen oder deren Eltern auszuführen, daß es nicht um einen Handel, sondern um eine Heirat geht. Das mag nichts zu bedeuten haben, aber dies ist – für unser Empfinden – ein Schritt, der viel Weisheit zeigt, gemessen an den Handels-Ehen, die innerhalb der Kompradoren-Bourgeoisie und des Kleinbürgertums geschlossen werden.

Der Riesenbrautpreis kann die Ursache zur Verschuldung beider Familien sein, wenn sie nicht sehr wohlhabend sind, weil keine der anderen nachstehen will. Es mag sein, daß die Mitgift – historisch gesehen – den Wert eines symbolischen Bündnisses hatte, es ist dennoch vollkommen klar, daß der ökonomische Aspekt, selbst schäbig kommerziell, heute die ursprüngliche Bedeutung immer mehr verwischt und in den Hintergrund drängt.»[61] Im Gegensatz dazu versichert M. Keita[62], daß «die ethnographischen Studien allgemein diese Bedeutung übertreiben», oder genauer, die ökonomischen Motive für die Polygamie schlecht interpretieren. Sie haben sinnentstellende Ausdrücke wie «Heirat durch Kauf», «Brautpreis» gebildet. Sie vergleichen das polygame System mit einer echten und gewinnbringenden Kapitalanlage; «dank der Arbeit der Ehefrauen und ihrer Kinder» findet eine Kommerzialisierung der Heirat statt. Alles läuft so, als sei das junge Mädchen eine Ware, die sich gut in Umlauf bringen läßt, mit Hilfe des Fetisches Geld. So ist es

---

59 Es handelt sich um El Hadj Seydou Nourou Tall, Enkel von El Hadj Omar, zur Zeit wohnhaft in Dakar.
60 50 F C.F.A. = 0,50 DM.
61 Jean Suret-Canale, La Femme dans la société africaine in *La vie africaine*.
62 Madeira Keita, ebenda.

zum Beispiel im Kongo, wo man den Verheirateten nach der Hochzeit oft fragt, «wieviel hast du für sie bezahlt?», indem man, wohlbemerkt, von der Frau spricht. Eine Mitgift, die den Mann ausbeutet, eine Mitgift, die den Mann ruiniert, hat nichts Menschenwürdiges. Sie widerspricht der Menschenwürde und ihrer Entwicklung in unseren Gesellschaften. Aber parallel zu den Widersachern der Migift findet man eifrige Anhänger für eine erhebliche Mitgift, die meinen, man könne dadurch die Zahl der Scheidungen verringern. Ist dies ein gutes Argument? «Wenn der Mann weiß, daß er für eine solche Heirat viel zu viel ausgegeben hat, wird er ernsthaft nachdenken, bevor er sich scheiden läßt», sagen uns einige. Worauf wir antworten, daß ein Mann, der entschlossen ist, seine Frau zu verlassen, sie ohne jeden Zweifel verlassen wird, wie auch umgekehrt. Die Mitgift, bedeutend oder nicht, ist kein sicheres Mittel, um die Stabilität eines Hausstandes zu garantieren. Eine stabile Ehe setzt andere, wesentliche Faktoren voraus.

Eine gegenseitige Anerkennung der beiden Ehegatten (oder Partner) auf der Grundlage einer Gleichheit in Rechten und Pflichten.

– Konzessionen auf Gegenseitigkeit
– der gemeinsame Wunsch – zusammen – etwas aufzubauen, und selbstverständlich gegenseitige Zuneigung.

Wenn dieses Minimum fehlt, geht das Paar seiner Zerrüttung entgegen.

Die Polygamie wird seit Jahrhunderten praktiziert. Und zwar schon lange vor Mohammed. Ist das ein Grund dafür, daß sie immer noch beibehalten wird? Oder müßte es nicht eine Polygamie für beide Seiten geben, das heißt bei beiden Geschlechtern, mit allen Konsequenzen für eine Veränderung der Infrastruktur der Gesellschaft? Selbst das System der Familienstruktur wäre dann zu überdenken. Gewiß, die Polygamie ist eine Plage, die heutzutage in den islamischen Gesellschaften schwer zu bekämpfen ist, soweit sie dort eingeführt ist. Ihre Beibehaltung oder ihre Abschaffung wird vor allem eine Sache der Frauen sein. Ihr Glaube an die Möglichkeit ihrer Eindämmung, verstärkt durch einen verbitterten und anhaltenden Kampf gegen diesen unterdrückenden Brauch, wird sie zum Sieg führen. Er wird viel Zeit in Anspruch nehmen.

«Der Koran ist unwandelbar. Man kann nicht in Frage stellen, was darin geschrieben steht. Er gestattet uns, bis zu vier Frauen zu nehmen», sagen uns die frommen Moslems, oder andere, die es nur dem Namen nach sind, und die, unter dem Deckmantel der islamischen Religion, die Polygamie und viele andere Sachen betreiben. Darauf antworten wir: Dort liegt nicht das Problem. Was die Schwarzafrikanerinnen wollen ist die Anerkennung ihrer Identität, ihrer Freiheit und die Achtung ihrer Person. Die Afrikanerinnen erheben hierauf Anspruch. Wieviele es auch heute sein mögen, sie werden gewinnen, selbst wenn sie von der Richtigkeit des malischen Sprichworts überzeugt sind: «Ni sini do, sini soxomate.»[63]

Fodé Diawara[64]
oder Lob der Polygamie

In seinem Buch «Manifest des primitiven Menschen» versucht Fodé Diawara die sogenannten primitiven Kulturen gegen die westliche Kultur zu rehabilitieren, die diese im Namen der Vernunft zur Geschichtslosigkeit verurteilt hatte. Edelmütiges Unternehmen! Mutige Tat, nicht wahr? Es war doch notwendig, auf die Verirrungen zurückzukommen, die sehr lange – wenn nicht bis heute – von den Westmächten und ihrer Kultur verbreitet und erhalten wurden. Wir hatten vor, das Thema «Hegel und/oder die Geschichtslosigkeit Afrikas» in einer philosophischen Abhandlung zu erörtern. Man brauchte aber nicht lange, um die Vergeblichkeit dieser Bemühung einzusehen. Das Thema ist schon mit Césaire, Senghor[65], Cheikh Anta Diop[66], Fanon, Léon Damas und vielen anderen Schriftstellern der Négritude praktisch erschöpft. Man braucht nur die Bücher «Rede über den Kolonialismus», «Und die Hunde schwiegen», «Schwarze Haut, weiße Masken», «Die Verdammten dieser Erde» … aufzuschlagen, um sich davon zu überzeugen. Mit ihnen wurde die große ideologische und kulturelle Mystifikation enthüllt. Sie brachten den Grundsatz der Überlegenheit des Weißen über den Neger ins Wanken. Die «erzieherische» Mission hatte keine Berechtigung mehr. Die Mörder waren entlarvt. Nichts rechtfertigte mehr ihre Anwesenheit in den Kolonien, und auch die

---

63 Wörtliche Übersetzung: elbst wenn es morgen ist, ist es nicht morgen früh: «Das geht nicht von heut auf morgen.»

64 Soziologe und Agronom aus Mali, etwa 30 Jahre alt, Studium in Frankreich.

65 und 66 Wir werden uns hier weder mit ihrer Philosophie noch mit ihrer Politik auseinandersetzen.

Existenz von Kolonien war nicht zu akzeptieren. Sie mußten abgeschafft werden. Die Kolonisation und die Kolonialherren würden auf die Schnauze fallen. Welchen Weg schlugen aber diese Sänger der Négritude ein?

Für Hegel: «Das *eigentliche Afrika* ist der diesen Kontinent als solchen charakterisierende Teil. (...) Er hat kein eigenes geschichtliches Interesse, sondern dies, daß wir den Menschen dort in der Barbarei, in der Wildheit sehen, wo er noch keine integrierende Ingredienz zur Bildung abgibt. Afrika ist, soweit die Geschichte zurückgeht, für den Zusammenhang mit der übrigen Welt verschlossen geblieben; es ist das in sich gedrungen bleibende Goldland, das Kinderland, das jenseits des Tages der selbstbewußten Geschichte in die schwarze Farbe der Nacht gehüllt ist.» [67]

So ist das Kunststück vollkommen! Die Rollen sind verteilt. Afrika ist ein für allemal festgelegt und katalogisiert. Die Anhänger Hegels können dies weltweit im Namen des Begriffs und der Dialektik absegnen und schweigen!

Heben wir auch hervor: «Afrika ist im allgemeinen das Land, in dem das Prinzip des Hochlandes das Übergewicht hat, das der Unbildsamkeit.» [68]

Und weiter: «Im eigentlichen Afrika ist es die Sinnlichkeit, bei der der Mensch stehen bleibt, die absolute Unmöglichkeit, sich zu entwickeln.» [69] Was macht ihr also Negerinnen und Neger aus eurem hochentwickelten Sinn für Widerspenstigkeit? Würdet ihr etwa ganz bereitwillig hinnehmen, daß man euch so behandelt? In Wirklichkeit bleibt euch nichts anderes übrig, und es ist nicht euer Fehler, ihr könnt nur in der «Sinnlichkeit» stehen bleiben, Hegel hat gesprochen! Und er ist immer noch lebendig. Heute noch halten Philosophiedozenten an der Sorbonne Vorlesungen sinngemäß in dieser Art.

Nachdem er Schwarzafrika abgeurteilt hat, stellt Hegel die Überlegenheit der westlichen Kultur über alle anderen als selbstverständlich hin. «Europa ist das Land der geistigen Einheit, des Niederganges aus dieser maßlosen Freiheit in das Besondere, der Be-

---

67 Hegel (G. W. F.) Die Vernunft in der Geschichte, Hamburg, Verlag von Felix Meiner, 1955, S. 214.
68 Ebenda, S. 212. Anm. der Übers. «Unbildsamkeit» wurde in der französischen Ausgabe Hegels mit «Widerspenstigkeit» übersetzt.
69 Ebenda, S. 212.

herrschung des Maßlosen und der Erhebung des Besonderen zum Allgemeinen, des Niedersteigens des Geistes in sich.»[70] Hegel hat nicht gezögert, sich den Löwenanteil zu sichern. Wir können ihm dies nicht ganz verübeln, weil er damit nur die Thesen ehemaliger Kolonialherren auf seine Art übernimmt, die im 16., 17. und 18. Jahrhundert in Schwarzafrika gelebt haben. Seine Auffassung von Afrika reiht sich in eine lange Tradition ein. Hat diese etwa mit der Sklaverei begonnen?

«‹Wenn man die Menschen erforschen will, muß man sich in seiner eigenen Umgebung umsehen; doch um den Menschen zu erforschen, muß man es lernen, seinen Blick in die Ferne zu richten; man muß zuerst die Unterschiede beobachten, um die allgemeinen Eigenschaften entdecken zu können.› Doch es würde nicht ausreichen, einzelne Menschheiten in einer allgemeinen Menschheit aufgehen zu lassen; dieses erste Unternehmen leitet weitere ein, die Rousseau nicht so gern anerkannt hätte und die den exakten und den Naturwissenschaften zufallen: die Kultur in die Natur und schließlich das Leben in die Gesamtheit seiner physikochemischen Bedingungen zu reintegrieren.»[71]

Fodé Diawaras Versuch, den sogenannten primitiven Menschen zu rehabilitieren, ist wenigstens revolutionär, und als solcher zu begrüßen. Dennoch gibt sein Essay Anlaß zur Kritik.[72] Er greift zuerst die Anhänger der Monogamie an:

«... Die Minderheiten von ‹Intellektuellen›, von ‹Eliten› in Schwarzafrika bemühen sich als Beitrag zum Fortschritt, monogame Familien nach bürgerlichem Vorbild zu gründen. Diese Wahl entspringt nicht dem (mehr oder minder aufgeklärten) Abscheu vor der ‹primitiven Familie›, sondern der kulturellen Entfremdung dieser sogenannten ‹Intellektuellen› und der sogenannten ‹Elite› durch das christliche Abendland.»[73]

Fodé Diawara macht keine Umschweife: Für ihn bedeutet der Verzicht auf Polygamie kulturelle Entfremdung. Soll es heißen, daß es in Schwarzafrika monogame Ehen nur unter den Intellektuellen gibt? Man müßte Schwarzafrika verkennen oder eine intellektuelle

---

70 ebenda, S. 212

71 Lévi-Strauss, Das wilde Denken, Suhrkamp, Frankfurt a. M., 1968, S. 284.

72 Fodé Diawara, Manifest des primitiven Menschen, Trikont, München, 1979.

73 Fodé Diawara, ebenda.

Unredlichkeit begehen, um in der Bildung einer monogamen Familienzelle grundsätzlich den Einfluß von außen sehen zu wollen. Sicher ist die Polygamie in Schwarzafrika sehr verbreitet, das kann man nicht bestreiten. Die Monogamie wird jedoch parallel dazu nicht nur von Intellektuellen praktiziert, sondern auch von Analphabeten, allerdings einer Minderheit.

Sich für die Monogamie entscheiden wäre also mit der systematischen Verleugnung der eigenen Kultur, der eigenen Zivilisation gleichzusetzen? Es scheint tatsächlich der Fall zu sein, wenigstens wenn wir uns auf den Text von Fodé Diawara beziehen: Es sieht so aus, als würden die Monogamen vor der angeblichen Überlegenheit der weißen Rasse zurückweichen. Wir wollen uns hier nicht damit auseinandersetzen. Was uns beschäftigt, ist die Rolle der schwarzen Frau im schwarzafrikanischen Kontext.

Man kann leicht ohne konkreten Beweis, sei es schriftlich oder nicht, seiner Phantasie freien Lauf lassen, um über die Polygamie in Schwarzafrika oder über ein anderes Thema Mutmaßungen anzustellen. Nichts erlaubt gegenwärtig eindeutig zu behaupten, was zuerst da war: die monogamen oder die polygamen Familien. Da nützen auch die Spekulationen der Ethnologen, Soziologen oder Anthropologen nichts. Wer hält Lobreden auf die Polygamie? Natürlich ein Mann. Hat er sich überhaupt die Mühe gemacht, bei seinen schwarzen Schwestern nachzufragen, um zu erfahren, wie sie darüber denken. Er hätte es getan, wenn ihm wirklich an der Gleichberechtigung läge, oder ganz einfach aus Achtung vor den Schwarzafrikanerinnen. Er verpflichtet diese willkürlich, wenn er sagt: «Die einzige Entwicklung innerhalb der menschlichen Familie, die mir einer Überlegung würdig erscheint, liegt in ihrem Übergang von ihrer ursprünglichen Form – auf der Grundlage der monogamen Ehe – zu sekundären Formen, die auf der polygamen Verbindung beruhten (der polygynischen ebenso wie der polyandrischen).» [74]

Man weiß schon Bescheid, wenn man liest: «mir einer Überlegung würdig erscheint» ... Anders gesagt, Diawara argumentiert hier rein subjektiv. Wenn man genauer hinsieht, scheint er von einer ganz bestimmten Situation auszugehen: von dem Sexualleben der Europäer, das auf dem monogamen System beruht (und sich zaghaft mit den neuen Generationen und dem Leben in Wohngemeinschaften in Richtung auf Polygamie entwickelt, aber eine offe-

---

74 Fodé Diawara, ebenda, S. 20–21.

ne Polygamie). Seltsames Vorgehen! Ansatzpunkt seiner Untersuchung ist die Feststellung, daß das europäische Milieu verfällt. Was haben hier Wertbegriffe zu suchen? Die Würde (was «mir würdig erscheint»)? Es scheint, daß die Polygamie das Endergebnis eines dekadenten Systems ist. Immer nach seiner Logik wäre also in Schwarzafrika das gleiche Phänomen eingetreten, was bedeutet, daß die Polygamie weder aus qualitativer Sicht, noch als Folge einer Entwicklung betrachtet werden darf. Soll das eine Anspielung auf die Gesellschaft sein, die Marx nach der Revolution ankündigt: die kommunistische Gesellschaft – in der alle frei sein würden?

Ist die Schwarzafrikanerin heute für das Prinzip der Polyandrie? Es müßten entsprechende seriöse Untersuchungen durchgeführt werden. Wir haben jedoch einerseits bei einigen Reisen nach Mali, Guinea, zur Elfenbeinküste, nach Ghana und Nigeria, und andererseits bei den Frauen, die wir befragt haben, eine praktisch einmütige Ablehnung des polygamen Systems beobachtet. Außerdem treten sie selbstverständlich nicht für eine Umkehrung des Systems ein, das sie verurteilen: die Polyandrie. Anscheinend waren die Frauen zu jeder Zeit (vor allem in den islamischen Ländern) dafür programmiert, zu gehorchen und einzig und allein ihrem Mann treu zu sein.

So kann man sich auch als Negerin von Diawaras Äußerung nur angegriffen fühlen, wenn er sagt: «Die Liebe zeigt sich in einer menschlichen Natur, die unfähig ist, auf die Freuden ihrer primären Antriebe zugunsten einer harmonischen Kollektivexistenz, zu welcher der Mensch nun einmal verurteilt ist, zu verzichten.» [75] Fodé Diawara ist der Meinung, die Kollektivexistenz sei die tiefste Wirklichkeit und die Liebe störe die Harmonie der Gemeinschaft durch ihren individualistischen Anspruch.

Sollte es außerhalb der Gemeinschaft keine Liebe geben? Eine ganz erbärmliche Definition der Liebe. Hoch lebe der Neger oder vielmehr der schwarze Macker! Schließt denn die Liebe eine Kollektivexistenz aus? Was ist diese harmonische Kollektivexistenz? In Diawaras Text wird sie nicht definiert. Soll man sich von etwas Undefiniertem die «Freuden der primären Antriebe» nehmen lassen? Kennen etwa die Schwarzafrikaner die Liebe nicht?

Man soll sich nicht über solche Reden wundern. Schon früher hat Diawara sich getraut, die Nicht-Existenz der Liebe beim wahren

75 Fodé Diawara, ebenda, S. 27.

Menschen zu behaupten: «Und müßte man nicht als das wunderbarste Ergebnis des wahren menschlichen Geistes vielmehr die Tatsache betrachten, daß die ‹Liebe: (...) beim primitiven Menschen nicht mehr existiert, oder genauer gesagt die Tatsache, daß der primitive Mensch eine so vollkommene Beherrschung seiner ursprünglichen Empfindungen erreicht hat, daß er ihrer unfähig erscheint?»[76]

Um ihre Körperlichkeit betrogen und an Vergewaltigung gewöhnt, wird die verheiratete Schwarzafrikanerin schließlich beim Geschlechtsverkehr passiv und verweigert so die Beteiligung am Koitus oder verhält sich ganz einfach frigid. Abgesehen von den Praktiken der sexuellen Verstümmelungen, worunter sie leiden kann, erklärt das Folgende einen derartigen Zustand: «Für den primitiven Menschen ist das Problem der Sexualität in erster Linie eine Frage der *Effizienz*.»[77] Und etwas später: «... Nun sind Zärtlichkeiten und andere Erscheinungsformen intimer Zweisamkeit von ihrer Natur her einschränkend für die Erzeugung sexueller Energie. Aus diesem Grunde stehen Liebespaare bei den Primitiven insbesondere dem Küssen mit Verachtung gegenüber.»[78]

Kann man überhaupt die schwarzafrikanische Sexualität so definieren? Was will F. Diawara eigentlich? Den Schwarzafrikaner «wiederaufwerten»? Und dies mit allen Mitteln? Man könnte Diawara fast für einen Anhänger Marcuses halten, wenn man folgenden Abschnitt liest: «Der Fetischismus der Warenwelt, der täglich undurchsichtiger zu werden scheint, kann nur von Frauen und Männern beseitigt werden, die den technologischen und ideologischen Schleier fortgerissen haben, der das, was geschieht, der die verrückte Rationalität des Ganzen verdeckt – von Frauen und Männern, die die Freiheit erlangt haben, ihre eigenen Bedürfnisse zu entwickeln, ihre eigene Welt in Solidarität aufzubauen.»[79] Was jedoch die Polygamie betrifft, drängte das Glaubensbekenntnis Objektivität und Information in den Hintergrund. Das bezeugen die folgenden Zeilen: «Wenn schließlich heute jedermann schwerwiegende Argumente (...) gegen die monogame bürgerliche Familie

---

76 Fodé Diawara, ebenda, S. 26
77 ebenda, S. 46.
78 ebenda, S. 46.
79 Herbert Marcuse, Konterrevolution und Revolte, Suhrkamp, Frankfurt a. M., 1973, S. 151.

führen kann, so gibt es im Gegensatz dazu niemanden, der die polygame Familie verurteilt, außer einigen idealistischen Faseleien.» Er
fügt hinzu: «Nun stellen sich die Beziehungen zwischen Mann und
Frau in der primitiven Gruppe nicht mehr in Gleichheitsbegriffen
dar.» (Will er sagen, daß sie jetzt als solche gestellt sind?) «Hier (...)
befinden sich Mann und Frau in der stetigen und getreulichen Interpretation ihrer jeweiligen Rolle innerhalb des Mikrokosmos, den
das primitive Dorf darstellt.» Und das Tollste ... «Mann und Frau
bei den Primitiven fordern keine Gleichheit.» [80]

Was kann der schwarzafrikanische Phallokrat in bezug auf die
Schwarzafrikanerin fordern? Was für eine Gleichheit? Zwischen
was? Zwischen wem? Eine Gleichheit in der Unterdrückung? «Sie
nehmen ihre Verschiedenheit und ihr gegenseitiges Sich-Ergänzen
an innerhalb einer kollektiven Teilnahme an der sich stets wieder-
holenden Ökonomie des Kosmos.» [81] Wahnsinn!

---

80 Fodé Diawara, ebenda, S. 53.
81 ebenda, S. 53.

3. Die Mädchenerziehung

Eine Dorfälteste in Mali berichtet:

Initiationsphase – Sie wollen wissen, wer die malische Frau ist, und was ich über sie denke. Ich denke nur Gutes über sie, denn sie ist eine gute Frau. Um Ihnen ein Bild von ihr zu geben, oder sie zu beschreiben, muß ich bis in ihre Kindheit und Jugend zurückgehen. Zu meiner Zeit wurde die kleine Malierin – ob Dorfbewohnerin oder nicht – zwischen dem sechsten und fünfzehnten Lebensjahr beschnitten. Das ist die erste Phase ihrer Eingliederung in die Gemeinschaft, in der sie lebt. Nachdem sie sich davon erholt hat, wird sie mit etwa fünfzehn oder später mit einer Gruppe anderer Mädchen auf die Initiation vorbereitet. Es finden Lehrgänge statt. Zuerst lernt man zum Beispiel alles über die Baumwolle kennen. Eine erfahrene Frau unterrichtet sie über Herkunft und verschiedene Verwendungen der Baumwolle. Das kann einen ganzen Tag dauern. Am nächsten Tag wird eine andere alte Frau über den Karité-Baum[82] und seine Verwendungen und Funktionen sprechen. Das gleiche geschieht mit Indigo und allen Naturprodukten, die das Mädchen brauchen oder benutzen könnte, wenn es heiratet. Dann erteilt ihm eine Gruppe von Frauen, die den Ruf genießen, weise zu sein, einen Kurs über die Ehe, das Leben mit dem Partner, die Beziehungen zu der Familie des Mannes, die in Schwarzafrika oft Ursache für Konflikte zwischen den Eheleuten sein können. Während dieser Kurse wird man einen besonderen Nachdruck auf den Respekt legen, den die Frau ihrem Mann erweisen muß, auf den absoluten Gehorsam, den sie ihm bezeugen und auf die Treue, die sie ihm halten muß. Es finden außerdem Kurse über Kinderpflege, Mutter- und Kinderschutz «nach afrikanischer Art» statt. Alles zielt darauf ab, aus der jungen Initiierten eine «gute» Ehefrau und eine «gute» Mutter zu machen.

Die Initiationskurse werden so lange wiederholt, bis alle Mädchen in der Gruppe sich das nötige Wissen eingeprägt haben. Geschichte, Grundbegriffe der afrikanischen Medizin (Kenntnis der Heilpflanzen, der natürlichen körperlichen Erscheinungen, z. B. das Altern ...), Physik, Astronomie, Philosophie (eine fatalistische

---

82 Karité: Baum, dessen Früchte behandelt werden, um die vielfältig verwendete Karité-Butter zu erhalten.

Philosophie eigens für die Frauen), die Sitten ... Nichts wird ausgespart. Alle Themen, die mit dem traditionellen Alltagsleben des Mädchens zusammenhängen, werden behandelt, aber vom Standpunkt der Tradition aus.

Zu der Gruppe, die mit der Initiation der Mädchen beauftragt ist, gehören eine oder zwei initiierte Frauen aus Geheimbünden. Es sind Frauen, die alle Stufen der Weiblichkeit durchlaufen haben. Sie haben die Aufgabe, die Mädchen über die Existenz der Geheimbünde zu informieren, und ihnen klar zu machen, daß sie ihnen nicht beitreten können und es auch nicht versuchen dürfen. Wer ihren Rat nicht befolgt, läuft Gefahr, sich den Fluch des «como» zuzuziehen, der den Frauen Unheil bringt. (Sie würde ihn nicht sehen, sondern hören und könnte daran sterben. Nur die Initiierten aus dem Geheimbund können den «como» ohne Gefahr sehen und hören.) Alle Frauen, die solche Kurse geben, gelten nicht nur als weise, sondern auch als Vorbilder und Spezialistinnen auf ihrem Gebiet.

Das Ziel dieser Kurse ist, die Mädchen ausreichend darauf vorzubereiten, daß sie dem ehelichen und gesellschaftlichen Leben, kurz dem Gemeinschaftsleben, gewachsen sind.

Es muß bemerkt werden, daß zu den Initiationskursen Lieder gehören, in denen männliche und weibliche Beschneidung, Taufe, Liebe, Ernte ... behandelt werden.

Nach Abschluß dieser Initiationskurse sollten die Mädchen angeblich wissen, woran sie sind. Sie wurden dann entweder in dem Jahr ihrer Beschneidung und Initiation oder ein Jahr später verheiratet. Die Initiation der Mädchen kann lange dauern. Sie kann sich über Monate hinziehen. Im allgemeinen beginnt sie einen oder zwei Monate nach der Beschneidung, jedenfalls in meinem Dorf.

Die Erziehung der ältesten Töchter. In meinem Dorf spielt die älteste Schwester des Vaters (oder wenn er keine hat, die jüngere), «große Tante» genannt, eine beherrschende Rolle in der Erziehung der ältesten Töchter ihres Bruders. Sie ist nämlich mit ihrer Erziehung beauftragt. Ihre Erziehungsmaßnahmen werden für richtig gehalten. Die Mädchen, die ihr anvertraut sind, wohnen bei ihr. Sie besuchen nur selten ihre Eltern. Wenn sie dort sind, werden sie über Familienangelegenheiten unterrichtet. Bei ihrer Rückkehr erstatten sie der «großen Tante» Bericht. Diese überlegt sich dann geeignete Lösungen für die jeweiligen Probleme. Sie braucht sie nicht ihrem Mann vorzutragen und ihn um Rat zu fragen.

Da in unserer Umwelt die ältesten Mädchen ihren jüngeren Schwestern als Vorbild dienen sollen, legen die alten Initiatorinnen großen Wert auf den Sinn für Opferbereitschaft und Selbstverleugnung, die man von ihnen erwartet. Vor der Beschneidung befinden sich die ältesten Mädchen unter der Führung ihrer «großen Tante».

Die Ehe. Was die Ehe betrifft, werde ich Ihnen zwei Beispiele geben. In beiden Fällen muß der Mann die Mitgift beschaffen.

1. Bei den Peul besteht sie aus acht Schafen, einer Kuh und einem Kalb.
2. Bei den Bambara war alles in Naturalien festgelegt.

Jetzt aber regelt ein Gesetz die Höhe der Mitgift. Das sind 15 000 malische Francs für eine Frau, die schon verheiratet war, und 20 000 malische Francs [83] für ein unberührtes Mädchen. (Gemessen an dem sehr niedrigen Lebensstandard scheinen diese Summen sehr hoch für die schlecht verdienenden Bauern und Arbeiter. Der Durchschnittslohn eines malischen Arbeiters beträgt etwa 15 000 malische Francs monatlich.)

Das Vieh, das das Mädchen durch die Heirat bekommt, dient dazu, seine Brüder zu verheiraten. Somit konnten die Brüder um so leichter heiraten, je mehr Vieh die Mädchen einbrachten. So gab es immer mehr Vieh bei den Frauen als bei den Männern, selbst wenn dieses ständig im Umlauf ist. Das Vieh ist die Mitgift, die der Mann bringen muß. Die Männer, die unter solchen Bedingungen nicht in der Lage sind, zu heiraten, gehen in die Städte oder ins Ausland. So erleben wir (im Hinblick auf die Jahre der Dürre und die Auswanderung ins Ausland) eine zunehmende Landflucht. Die Männer verlassen das Land, um Geld zu beschaffen, damit sie bei ihrer Rückkehr heiraten können.

Für die Ehe ist meistens die «große Tante» die Kupplerin. Bei uns ist man abergläubig. Man fürchtet die Tränen der «großen Tante» so sehr, daß man ihren Entscheidungen oft gegen den eigenen Willen zustimmt.

Bevor die Mädchen die Initiationskurse verlassen, werden sie noch über die verschiedenen Arten von Männern informiert, an die sie geraten können. Die Initiatorinnen bezeichnen sie mit Tiernamen, z. B. der «Schaf-Mann», der sanft und gefügig ist, der «Affen-Mann», ein Kleinigkeitskrämer, der die Frau piesackt, usw. Das

---

83 15 000 malische Francs = 150,– DM.

Verhalten gegenüber den Freunden des Mannes wird auch einge-
übt, damit die Ehe nicht scheitert. Ebenso lernt das Mädchen, wie
eine Frau den Verlockungen oder Annäherungsversuchen der Männer standhalten soll, die ihr den Hof machen könnten. Die Initiation
ist eine echte Schule.

Do

Ich bin Kongolesin. Ich bin 35 Jahre alt. Ich schreibe gerade an meiner Doktorarbeit in Soziologie. Ich stamme aus einer kinderreichen
Familie. Mein Vater war polygam. Er hatte drei Frauen. Meine
Mutter war die dritte. Ich bin die älteste von den Kindern meiner
Mutter. Ich bin als einzige von ihnen zur Schule gegangen. Mein
Vater starb, als ich zehn Jahre alt war. Meine Mutter hat zwei Söhne
und noch zwei andere Töchter. Diese kamen gleich nach mir. Sie
halfen meiner Mutter bei der Hausarbeit und der Betreuung meiner
beiden jungen Brüder. Mein Vater war Bauer. Wir hatten wenig
Geld. Ich gehöre zu den Bakongo, die die Mehrheit im Kongo bilden. Die Bakongo stammen aus dem ehemaligen Königreich Kongo, d. h. jetzt Angola. Sie machen 40 % der kongolesischen Bevölkerung aus.

Was mir bei uns Bakongo für die weibliche Bevölkerung am
wichtigsten scheint, ist die sexuelle Initiation.

Bei den Bakongo-Mädchen besteht eine traditionelle Scham, sich
dem Mann in der Hochzeitsnacht als Jungfrau zu nähern. Sie sollten
sich vorher darauf «vorbereiten». Worin besteht diese Vorberei-
tung? Auf welche Art auch immer sollte sich das Mädchen von seiner Jungfräulichkeit trennen. Die gebräuchlichste Methode bestand
darin, sich mit einer Maniokknolle zu entjungfern. Das geschieht
bei Eintritt der Geschlechtsreife. Ab diesem Alter initiieren sich die
Mädchen im Kreis der Freundinnen gegenseitig. Hier ist die Initiation nicht Sache von alten Frauen, die ihr Wissen blühenden Mädchen beibringen.

Bei den Vili gibt es unter den Mädchen einen Brauch, der dem
der Bakongo fast entgegengesetzt ist. Hier muß nämlich das Mädchen bis zu seiner Hochzeit Jungfrau bleiben. Und am Tag nach der
Hochzeit wird das weiße Laken, auf dem die Ehe vollzogen wurde,
– in Anwesenheit der Familienmitglieder, Tanten, Onkel, Vetter,
Cousinen – zur Schau gestellt.

Es ist eine große Ehre für die Eltern der Jungvermählten, wenn diese ihre Jungfräulichkeit bis zu ihrem Hochzeitstag bewahrt hat. Wenn das Mädchen keine Jungfrau mehr war, zwang die Tradition die Eltern, eine Geldbuße an die Schwiegereltern zu zahlen, und der Ehemann behielt dann seine Frau.

Die Vili-Mädchen müssen sich dem «kikumbi» unterziehen: sobald sie geschlechtsreif werden, werden sie isoliert. Sie werden in eine kleine Hütte eingesperrt. Während dieser Zeit wird dem Mädchen allerlei Aufmerksamkeit zuteil. Sein Körper wird täglich mit einer Salbe eingerieben, die in der Kikongo-Sprache tukula heißt. Sie enthält ein Gemisch aus Kaolin und bestimmten getrockneten Früchten.

Solange das Mädchen eingesperrt ist, erhält es besonders gutes Essen. Man achtet darauf, daß es wohlgenährt ist, damit es – wie man sagt – eine gute Ehefrau wird. Bei uns mögen die Männer üppige Frauen, um nicht «fett» zu sagen, im Gegensatz zu der europäischen Ästhetik, wo man «Bohnenstangen» vorzieht.

Solange es eingesperrt ist, darf das Mädchen nur mit seiner Familie oder mit der Frauengruppe sprechen, die damit beauftragt ist, auf es aufzupassen. Gewöhnlich wird eine Hütte auf dem elterlichen Grundstück für das Mädchen gebaut, das eingesperrt werden soll. Andernfalls teilt es das Zimmer seiner Mutter, in dem es eine persönliche Ecke hat. Die Einsperrung endet meistens mit der Hochzeit des Mädchens. Diese wird von einer Reihe Festlichkeiten begleitet.

4. Die Sucht nach bleicher Haut

> *«Seit einigen Jahren arbeiten die Labore an der Entwicklung*
> *eines Serums zur Entnegrifizierung; die Labore haben allen*
> *Ernstes ihre Reagenzgläser gespült, ihre Waagen justiert und*
> *Untersuchungen begonnen, die es den unglücklichen Negern*
> *ermöglichen sollen, weiß zu werden und damit nicht mehr die*
> *Last jenes körperlichen Fluchs zu tragen.»*
>
> Frantz Fanon
> Schwarze Haut, weiße Masken [84]

Ist das Serum zur Entnegrifizierung endlich entdeckt worden? Es gibt Seifen und Cremes, die es dem Neger erlauben, sich zu «entnegrifizieren». Ursprünglich waren sie für die Behandlung der Akne und der Seborrhöe gedacht.

So hat sich zum Beispiel Asepso unter anderem als wirksam erwiesen. Während sie medizinisch gesehen gegen Pickel gerichtet sind, haben diese Cremes und Seifen die Nebenwirkung, die Hautfarbe des Negers aufzuhellen. Die Negerinnen verwenden sie ständig. Selbst wenn sie weder Furunkel noch Akne haben, machen sie unmäßigen Gebrauch davon. Ihr einziger Beweggrund: sich die Haut aufzuhellen, in dem Glauben, daß sie dadurch in den Augen des Negers «anziehender» als Lustobjekt sind. Lange bestand nämlich der Mythos, und er besteht heute noch in Schwarzafrika, daß eine hellhäutige Negerin «schöner» als eine dunkelhäutige sei. Das ist völlig unbegründet. Man kann schwarz wie Ebenholz und sehr schön sein. (Die Frauen brauchen das Spiel der Männer nicht mitzuspielen.) Woher kommt denn dieser Mythos?

Wir finden einen Hinweis auf die hellhäutige Frau bei Jacques Marcireau: «Bei den Toma aus Afrika, bei denen Polygamie herrscht, haben die Stammesoberhäupter eine Frau als Fetisch, die ihrer hellen Hautfarbe wegen auserwählt wird. Sie unterscheidet sich von den anderen Frauen darin, daß sie geachtet wird (ihr Mann schlägt sie nicht) und daß ihr jede Hausarbeit oder andere Tätigkeit

---

84 Anm. d. Übers. Zitiert aus der deutschen Übersetzung: Frantz Fanon, «Schwarze Haut, weiße Masken», Syndikat, Frankfurt a. M., 1980.

verboten ist. Ihr kommt beinahe eine kultische Rolle als Glücks-
bringerin zu. [85]»

Diese hellhäutige Frau ist ganz einfach und natürlich deshalb für
ihren Mann eine Quelle des Glücks, weil sie selbst eine bevorzugte
Stellung gegenüber ihren Mitfrauen einnimmt, die ihrerseits nicht
geachtet werden, die geschlagen und jeder Zeit verstoßen werden
können. Um diese Stellung zu behalten, wird sie also versuchen,
ihrem Mann zu gefallen und ihn glücklich zu machen. Sie wird
nicht nur emotional bevorzugt, sondern auch im Hinblick auf die
Produktivität. Sie tut nichts. Nun ja, die Wirklichkeit, in der wir
heute leben, hat gar nichts Mythisches an sich. Das Bleichen der
Haut ist zu einem «schwarzen» Übel der schwarzafrikanischen
Gesellschaften geworden. Und im Augenblick, da wir diese Zeilen schreiben, gibt es sicherlich Millionen von Frauen, von Negerinnen, die diese Cremes auf ihr Gesicht, auf ihren Körper schmie-
ren oder sich mit diesen «entnegrifizierenden» Seifen waschen.
Die Negerin ist entfremdet. Der Neger auch. Der Rundfunk, die
Zeitungen, die Medien: alles fördert diese Entfremdung. Es wäre
interessant, die sogenannten feministischen Zeitungen und Zeit-
schriften unter die Lupe zu nehmen, die für die schwarzafrikanischen Gesellschaften gedruckt werden. Nicht selten findet man
darin ganzseitige Werbungen für solche Produkte. Uns amüsiert
folgendes Textbeispiel: «Sie kommen ... sie gehen ... Sie fallen
auf. Sie haben den Schick Ambi» [86]. Das Ganze wird von Bildern
eines Paares begleitet, das zweifellos diese Bleichseifen und -cre-
mes kiloweise verbraucht hat. Entfremdung! Showgeschäft. Konsumgesellschaft.

Wodurch soll der kolonisierte oder neokolonisierte und unterent-
wickelte Mensch «auffallen»? Durch das Bleichen seiner Haut mit
aufhellenden Präparaten, statt gegen die Ausbreitung der Unterentwicklung vorzugehen und zu versuchen, ihr zu entkommen? Nein!
Durch das Bleichen der Haut mittels Rassenvermischung? Auch
nicht. Selbst da, wo das Bleichen der Haut das Ergebnis einer Ko-
habitation zwischen verschiedenen Rassen ist, der schwarzen und
weißen, nimmt es eine ideologische Bedeutung an. «Seine Nachkommenschaft bleichen» (seine Rasse bleichen) war das weithin an-

---

85 Histoire des rites sexuels, Paris, Robert Laffont, 1971, S. 312.

86 Marke einer Bleichcreme, die den Markt aller afrikanischen Länder über-
schwemmt hat und seit einigen Jahren an der Elfenbeinküste hergestellt wird.

erkannte und praktizierte Gebot der Negerinnen und Neger von den Antillen und aus Amerika. Es wurde um so mehr praktiziert, als die schwarze Bevölkerung in diesen Gegenden in die schlimmste Not gedrängt war. Sie hatten die fixe Idee, aus diesem Getto «herauszukommen». Sie sahen ihren einzigen Ausweg darin – wie trügerisch er auch sein mochte –, sich zu dem Status des Weißen emporzuschwingen. Inwieweit war dies möglich? Durch Arbeit? Nein. Als Töchter und Söhne von «verpflanzten» schwarzen Sklaven standen Negerinnen und Neger unter der Herrschaft ihrer weißen Herren. Diese ungleiche Beziehung gestattete den Beherrschten kaum ebenso frei zu sein wie die Herrscher. Als Sklaven und entwaffnete, verschleppte Minderheiten haben es die schwarzen Gemeinschaften auf den Antillen und in Amerika oft vorgezogen, ihre Revolte zu ersticken, indem sie innerlich litten, anstatt sich zu erheben und mit der Waffe in der Hand zu kämpfen. Die Rassenvermischung brachte Mischlinge hervor: eine neue Gruppe von Individuen, die im Vergleich zu den Negerinnen und Negern eine bevorzugte Stellung einnahmen. In den Augen der schwarzen Gemeinschaft kam es einem Aufstieg gleich, dieser Gruppe anzugehören. Die Mischlingsfrau versuchte meistens einen Weißen zu heiraten. Dadurch gab sie ihren Kindern die Möglichkeit, weiß zu werden und somit durch ihre Vermittlung zu der Gesellschaft der Herrscher (oder einfach der Männer), der Weißen zu gehören. (Und dies um so mehr als der farbige Mann in diesem Erdteil ein Untermensch war). Dies wurde auf den Antillen wie in Lateinamerika gleichermaßen praktiziert. In beiden Fällen aber führt die Rassenvermischung zu Problemen – besonders für die weibliche Bevölkerung. Nehmen wir den Fall Kolumbiens, wo eine tiefe Spannung zwischen farbigen – Mischlingen oder dunkelhäutigen Negerinnen – und weißen Frauen entsteht. Die letzten bilden sich ein, die ersten hätten nichts anderes im Kopf, als Kinder von Weißen zu bekommen, d. h., ihnen ihren weißen Mann wegzunehmen. Dadurch wird die von den Frauen gebildete Gruppe der Unterdrückten gespalten. Was soll mit dem Bleichen erreicht werden: die Assimilation? Die Erhaltung, der Fortbestand der Rassen mit ihren Unterscheidungsmerkmalen? Diese Frage bleibt offen. Es gibt nichts daran auszusetzen, daß die Begegnung zwischen den Rassen eine körperliche und kulturelle Vermischung zur Folge hat. Wenn diese Rassenvermischung aber auf die geplante Vernichtung einer Gemeinschaft abzielt, mag diese schwarz oder jüdisch sein, dann ist sie zu verurteilen, genauso wie ein Völkermord. (Auf lange Sicht würde es hier bedeuten, daß sich das schwarze Wesen des Negers auflöst, d. h., daß der dunkelhäutige Neger schlicht und einfach ausstirbt.)

In gewisser Hinsicht erinnert das Bleichen der Haut durch Rassenvermischung an das Bleichen mit Hilfe aufhellender Präparate. Die schwarze Farbe des Negers ist durch das Pigment Melanin bedingt, das in gewissen Zellen des Organismus enthalten ist. Auch die Haut des Weißen enthält dieses Pigment, es ist aber gehemmt und wird erst dann gebildet, wenn die Haut der Sonne ausgesetzt ist. Auf diese Weise entsteht die Hautbräune. Die Anwendung aufhellender Seifen und Cremes führt bei der schwarzen Haut zu Abschuppung und Pigmenthemmung. Die Haut löst sich ab. Die Melaninbildung ist gehemmt. Das führt zu einer allmählichen Aufhellung.

Je mehr diese Präparate verwendet werden, desto heller wird die Haut. Sie bekommt eine ähnliche Farbe wie bei den Mischlingen aber mit anderen Nuancen. (Für ein geübtes Auge ist es nicht schwer, eine auf diese Weise «aufgehellte» oder «gebleichte» Person zu erkennen.) Aus finanziellen Gründen können sich manche Negerinnen keine ausreichende Menge dieser Präparate leisten, um den ganzen Körper zu «bleichen». Sie Verwenden sie dann nur im Gesicht. So kann man bei den benachteiligten Schichten «aufgehellte» Gesichter beobachten, die sich stark von den ganz schwarzen oder anders getönten Körpern abheben.

Die Bleichmittel überschwemmen den Markt, sei es in Amerika, Afrika oder Europa. Die Negerinnen können sie nämlich in New York, London, Paris, Abidjan oder Lagos kaufen, um nur einige Städte zu nennen.

Man kann sich heute mit Recht fragen, zu welchem Zweck diese Präparate entdeckt wurden. Beunruhigt denn die schwarze Farbe so sehr, daß das Bedürfnis, Neger zu bleichen, bei den Erfindern dieser Mittel aufkeimte? Die Neger körperlich bleichen, nachdem man ihnen «eine Gehirnwäsche verpaßt hat» und darauf wartet, ihnen noch die Haare zu entkräuseln, damit sie die Reinheit der weißen Rasse nicht verderben können? Diese Fragen bleiben offen.

Was die Leute jedoch verschweigen, die die aufhellenden Präparate auf den Markt werfen, ist, daß eine «gebleichte» Haut viel anfälliger ist. Sie schützt nicht mehr gegen die Sonnenstrahlen und wird dadurch verwundbar. Sie setzt sich somit der Gefahr einer

Krebserkrankung aus, die im Anschluß an einen geschwürigen Befall der Haut auftreten kann.

Mit Hilfe der Entfremdung und der verlogenen Werbung kann man heute nach Belieben «bleichen». Es müßten Maßnahmen gegen die Zeitungen ergriffen werden, die mit Inseraten für diese Bleichpräparate werben. Sie müßten von den schwarzafrikanischen Staaten boykottiert oder verboten werden. Diese Präparate müßten vom schwarzafrikanischen Markt zurückgezogen werden. Eine objektive Aufklärungskampagne müßte bei den Negerinnen wie bei den Negern durchgeführt werden. Negerinnen und Neger sollen die schwarze Farbe mit Würde und Stolz tragen.

Jede Verleitung zum Gebrauch von «Bleichpräparaten», die medizinisch ohnedies schädlich sind, müßte von den kämpfenden Frauen in Frage gestellt werden.

In Wirklichkeit kann dieses «schwarze» Übel des 20. Jahrhunderts nur erfolgreich aus den schwarzafrikanischen Gesellschaften vertrieben werden durch ein radikales Bewußtwerden ihres Wesens bei den Negerinnen und Negern und eine radikale Umwälzung der Systeme, die solche Praktiken dulden und fördern.

Negerin oder Neger sein und seine natürliche Hautfarbe behalten, ist das Zeichen einer Bewußtwerdung. Negerin oder Neger sein und seine natürliche Hautfarbe behalten, bedeutet heute entmystifizieren und entmythologisieren. Die schwarze Farbe ist nicht häßlich. Die schwarze Hautfarbe ist genauso viel wert wie die gelbe oder die weiße. Die Schönheitskriterien sind bei jeder Kultur, bei jeder Gesellschaft anders. Alles ist relativ.

Gebleichter Neger oder schwarzer Neger, immer wird der Neger ein Neger sein. Warum sich also in bezug auf andere definieren (den Weißen zum Beispiel)? Jene, Frauen und Männer, die sich die Haut «bleichen» und sich fürchten, ihre echte Negerin- oder Negerfarbe wiederzubekommen, wenn sie diese Bleichpräparate nicht mehr benutzen (was tatsächlich geschieht), sollten daran denken: «Man kann den Fuß des Baums so weiß streichen, wie man will, die Kraft der Rinde wird darunter schreien.» [87]

Sie sollten auch daran denken, daß es weder eine Schande ist, seine natürliche Farbe wiederzubekommen, noch die krausen Haare zu behalten.

Für die meisten Negerinnen blieb diese Entkräuselung nicht ohne

---

87 Aimé Césaire, Et les chiens se taisaient, Paris, Présence africaine, 1974, S. 39

Schäden. Es kam häufig zu Haarausfall, Verbrennungen der Kopfhaut und vor allem der Ohren. Durch das Tragen einer Perücke mit glatter Frisur verrät die Negerin ihren starken, wenn auch unbewußten Wunsch, sich dem europäischen Schönheitssinn anzupassen. Wer stellt die europäischen Schönheitskriterien als absolute Werte für die schwarzafrikanischen Gesellschaften auf? Bestimmt nicht die Negerin. Sondern der Kolonialherr, der Kolonisierte und nach ihnen der neokolonisierte Mann. Die Negerin hatte sich nämlich konservativer als der Neger gezeigt. Dieser war durch ein richtiges ideologisches Trommelfeuer gegangen und hatte sich mehr und mehr von der traditionellen Gesellschaft abgewandt, in der er groß geworden war: und dies zugunsten einer Gesellschaft, in die er nicht integriert ist, die weiße Gesellschaft. Er bestätigt damit, daß diese das Ideal der Schönheit, das Ideal der absoluten Werte verkörpert. Um dem Neger zu gefallen, paßt sich dann die Negerin (die «heiratsfähige» oder verheiratete Negerin) dem Bild an, das ihr die «andere», die Weiße vorspiegelt. Weit davon entfernt sich zu befreien, verstärken der Neger und die Negerin damit nur ihre Entfremdung.

III. Feminismus und Revolution

Von der Verleugnung der schwarzen Frau

Während die Frauen in den Industrieländern ihre Bemühungen unter anderem auf die Suche und Bildung einer typisch weiblichen Sprache konzentrieren, sind die Töchter Schwarzafrikas noch auf der Suche nach ihrer Würde, nach Anerkennung ihrer menschlichen Individualität. Diese Individualität wurde ihnen von den kolonialistischen oder neokolonialistischen Weißen und ihren männlichen Negern immer verweigert. Man braucht nur einen kurzen Blick auf die Geschichte zu werfen, um sich davon zu überzeugen. Was war Afrika im 15. und 16. Jahrhundert? Das Erdreich, aus dem man diese menschliche Ware, das «schwarze Gold» dieser Zeit förderte: die in Amerika und auf den Antillen verstreuten Sklaven.

Es geht nicht darum zu sagen: «Schwarze Schwestern gebt acht! Der Kampf der Frauen in den Industrieländern ist nicht der Unsere», sondern ganz einfach daran zu erinnern, obgleich manche sich dessen bewußt sind, daß der Kampf für uns Negerinnen nicht auf der gleichen Ebene wie für die europäischen Frauen stattfindet. Unsere Hauptanliegen sind nicht dieselben.

In Schwarzafrika grassieren institutionalisierte Polygamie, sexuelle Verstümmelung, Zwangsheiraten, Kinderverlobungen. Es stimmt zwar, daß die schwarzen Frauen außerdem die gleichen Plagen wie ihre europäischen Schwestern zu bekämpfen haben. Man muß jedoch zwei Ebenen in der Ausbeutung und Unterdrückung der Frauen unterscheiden:

– die Ebene, auf der die Opfer ihre Ausbeutung und Unterdrükkung nicht begreifen; es ist der Fall für viele Schwarzafrikanerinnen, ob sie die Tradition befürworten oder nicht.
– die Ebene, auf der Ausbeutung und Unterdrückung teilweise verstanden oder ganz rationalisiert werden – und manchmal in Frauenbewegungen münden, wie es in den USA und in Europa der Fall ist.

Hier ist eine Richtigstellung angebracht:

Europäische Feministinnen haben ihre Unterdrückung und Ausbeutung oft mit der der Schwarzen in den USA oder in Schwarzafrika verglichen. So hieß es in einer Botschaft, die Kate Millett den Organisatorinnen von «Zehn Stunden gegen die Vergewaltigung»[88] zuschickte: «Die Vergewaltigung ist das für die Frauen, was das Lynchen für die Schwarzen ist.» Es sieht so aus, als könnte eine Gleichsetzung Frauen/Schwarze (als unterdrückte Menschen) und Vergewaltigung/Lynchen stattfinden. Es ist ein Irrtum. Vergleichen wir nur vergleichbare Dinge. Eine buchstäbliche Gleichsetzung zwischen der Frau und dem Schwarzen ist nicht gerechtfertigt. Man kann weiblichen Geschlechts sein und der schwarzen Rasse angehören. Wenn die Vergewaltigung das für die Frauen bedeutet, was das Lynchen für die Schwarzen ist, was ist dann mit der Vergewaltigung schwarzer Frauen durch schwarze Männer? Um dem Satz von Kate Millett jede Zweideutigkeit zu nehmen, muß man präzisieren, daß es sich dabei um weiße Frauen handelt, was sie

---

88 «Zehn Stunden» wurde von der Französischen Frauenbewegung in Paris im Juni 1976 organisiert.

ja nicht sagt. In diesem Fall bleibt die zuvor betonte Gleichsetzung bestehen, ist aber kaum gerechtfertigt. Wo befindet sich darin die schwarze Frau? Europäische Feministinnen, die Gefallen an dieser falschen Gleichung finden: Lage der Frauen (das sind weiße Frauen selbstverständlich) = Lage der Schwarzen, scheinen es nicht zu wissen.

Genauso wie jene, die behaupten, «die Frauen sind die Neger der Menschheit». Was oder wer sind dann die schwarzen Frauen, die Negerinnen? Die Schwarzen der schwarzen Männer der Menschheit?

Man könnte glauben, es gäbe keine Negerinnen. In Wirklichkeit werden sie hier gerade von denen verleugnet, die vorgeben, für die Befreiung aller Frauen zu kämpfen.

Der Zustand von Unterdrückung, Ausbeutung und Frustration, in dem die schwarzafrikanischen Frauen leben, wird in den Interviews deutlich.

Abgesehen von einer Minderheit, die dem Mittelstand angehört, einige Intellektuelle, lebt die schwarzafrikanische Frau unter erbärmlichen Bedingungen, sei es in der Stadt oder auf dem Lande, mag sie verheiratet, geschieden oder ledig sein.

Die schwarzafrikanische Frau hatte während der Kolonialzeit unter einer doppelten Unterdrückung, einer doppelten Sklaverei zu leiden. Sie war nicht nur vom Kolonialherrn unterjocht, sondern auch noch vom kolonisierten Mann, d. h. dem Schwarzafrikaner. Seit dem Ende der Kolonialzeit wird sie mit immer größeren Problemen konfrontiert: Nachwirkungen der Kolonialzeit (die Entkolonisierung war nämlich nur oberflächlich betrieben worden), Gefahr des Kulturverlustes. Immer noch steht sie unter dem Joch des Mannes: Vater, Bruder oder Ehemann; sie wird als Objekt für die sexuelle Befriedigung des Mannes begehrt und gehört zu seinen Wohlstandsattributen. Kurz gesagt, sie ist gleichzeitig Renommierstück und Mädchen für alles.

Kommen wir auf die Kolonialzeit zurück. War der wirkliche Status der schwarzafrikanischen Frau nicht mit dem der Antillenbewohnerinnen oder der Afro-Amerikanerinnen in Amerika zur Zeit der Sklaverei identisch? Mußte sich die Schwarzafrikanerin nicht wie die Afro-Amerikanerin der sexuellen Willkür ihres weißen Herrn fügen und dem Kolonialherrn gehorchen, der allmächtig geworden war, weil er sich Grund und Boden angeeignet hatte.

Bei der Diskussion der Emanzipationsprobleme soll es nicht um

Prioritäten gehen. Zwei Aspekte der schwarzafrikanischen Kämpfe überschneiden sich hier:

- der Kampf um eine reale Unabhängigkeit in Wirtschaft und Politik.
- der Kampf um Anerkennung und Würdigung der Rechte und Pflichten des Mannes und der Frau, und darüber hinaus der verschiedenen Rassen.

Das eine darf nicht das andere ausschließen. Im Idealfall müßten beide Kämpfe gleichzeitig und gemeinsam geführt werden können. «Das ist unmöglich», entgegnen uns Sexisten und Rassisten. Diesen antworten wir: «Wir sind in Afrika und das bedeutet eine einzigartige Bedingungslage.» In Algerien, Guinea-Bissau und vielen anderen Staaten, die wirklich geglaubt haben, ihr Land und ihr Volk – also auch die Frauen – durch einen Befreiungskrieg zu befreien, stellt man heute fest, daß die Frauen immer noch nicht befreit sind. Immer noch trägt die Frau in Algerien den Schleier und bleibt in ihre traditionellen Rollen als Dienerin, Gebärerin und Hüterin des häuslichen Herds gezwängt. Außerdem spielt sie eine nicht zu unterschätzende Rolle bei der Bewahrung der Sitten und Traditionen, die heute nicht mehr zu uns passen.

Gewiß muß die Frau ihre völlige Unabhängigkeit erlangen. Dafür wird sie kämpfen müssen, um sie von der Gesellschaft zu erzwingen. Sie wird lernen müssen, ihre Abhängigkeit vom Mann und diese Entfremdung zu entmystifizieren.

Sie muß nicht nur den Klassenkampf, sondern auch noch einen Kampf zwischen den Geschlechtern führen. Die Amerikanerin Shulamith Firestone hat die Vielfältigkeit der Frauenkämpfe gut verstanden, wenn sie sagt: «Um die Klassengesellschaft wirklich zu entwurzeln, brauchen wir eine sexuelle Revolution, die sehr viel breiter ist als die sozialistische Revolution.»[89]

In den ehemaligen französischen, belgischen und anderen Kolonien kennt die Negerin die gleichen Verhältnisse wie ihre Schwestern heute in Simbabwe oder Lateinamerika. Wie ihr schwarzer Bruder leidet die schwarze Frau unter den verhängnisvollen Nachwirkungen und katastrophalen Verbrechen des Kolonialismus. Sie empfindet diese aber stärker als der Mann, weil sie nicht nur mit

---

89 S. Firestone, Frauenbefreiung und sexuelle Revolution, Frankfurt a. M., Fischer Verlag, 1975, S. 18.

dem weißen Rassismus und der Ausbeutung durch den Kolonialherrn konfrontiert ist, sondern auch noch die Unterdrückung ertragen muß, die der weiße oder schwarze Mann auf sie ausübt, auf Grund des patriarchalischen Systems, in dem beide leben.

Als kolonisierte Frau ist sie genauso wie der Neger verpflichtet, für den Kolonialherrn zu arbeiten. Sie wird so als produktive Kraft ausgebeutet. Hinzu kommt aber, daß sie ihrer Hautfarbe und ihres Geschlechts wegen für den Kolonialherrn als die billigste Arbeitskraft überhaupt einsetzbar ist. Vom Kolonialherrn schlecht bezahlt, wird sie im Vergleich zu dem schwarzen Mann auch noch unterbezahlt. Sie wird also nicht nur als Schwarze, sondern auch als Frau ausgebeutet. Welche dieser beiden Auffassungen hat aber den Vorrang?

Ungeachtet ihres Geschlechts macht die Tatsache, daß sie schwarz ist, aus ihr die Sklavin des Kolonialherrn. Wie ihr schwarzer Bruder wird sie nur als Arbeitstier angesehen. Zwischen den beiden stellt sich aber schnell ein Unterschied ein. In den Augen des Kolonialherrn und des patriarchalischen Systems ist die Negerin in der Arbeit weniger «wert» als der Neger. Dies schlägt sich konkret in den Löhnen, der «Achtung» und allen anderen Bereichen nieder. Sie bekommt erst einen Wert in den Augen des Kolonialherrn als Objekt für die sexuelle Befriedigung. (Wenn überhaupt!)

So entstand aus der Unterwerfung der Negerin eine Mischlingsbevölkerung innerhalb der Kolonie. Durch das Kräfteverhältnis Unterdrückte/Unterdrücker, in dem sie lebt, wird sie das Opfer des Kolonialherrn als Mann. Dieser besitzt die Macht, das kolonisierte Volk seelisch und körperlich zu vergewaltigen.

Die Negerin wird manchmal durch ihre sexuelle Funktion vom Weißen als Frau wahrgenommen. Mit anderen Worten: es wird vorausgesetzt, daß sie zwar weiblich jedoch kein Mensch ist. Das kann man sich schlecht vorstellen! Es erinnert an die alte katholische Auffassung, nach der die Frau keine Seele hat. Die Kolonialherren haben ihre Spuren hinterlassen, überall wo sie waren, sei es im politischen, wirtschaftlichen oder sozialen Bereich: Einführung von Kolonial- oder Neokolonialregimen, Durchsetzung einseitiger Akkerbauformen wie im Senegal, wo die Landwirtschaft hauptsächlich auf Erdnußplantagen beruht und der Anbau lebenswichtiger Produkte vernachläßigt wird. Aimé Césaire antwortet treffend, wenn man ihm vom angeblichen sozialen Fortschritt erzählt, den die Kolonialherren verwirklicht haben sollen: «Ich spreche lieber von ausgeraubten Gesellschaften, von Kulturen, die mit den Füßen getreten wurden, von zerfallenden Institutionen, beschlagnahmten Gütern, vernichteten Religionen, zerstörten Kunstschätzen und von der Unterdrückung außergewöhnlicher Begabungen.» [90]

Außerdem muß man die Entstehung einer Mischlingsbevölkerung zur Kenntnis nehmen, wie klein diese auch sein mag. Vom Kolonialherrn mit Gewalt genommen – vergewaltigt – oder durch irgendeine List verführt, wird die Negerin als Lustobjekt auf einem würdelosen Status erniedrigt.

Was bleibt von ihr übrig, wenn sie in ihrem Wesen negiert wird. NICHTS. Sie ist nichts mehr. Vielmehr, sie wird zum Werkzeug gemacht. Ist auf dieser Ebene eine wahre Liebe zwischen Kolonisator und Kolonisierten möglich? Sind zwischenmenschliche Beziehungen da überhaupt denkbar?

Wir wollen hier nicht nachprüfen, ob Kolonialherr und kolonisierte Frau sich lieben können, sondern vielmehr die verschiedenen Unterdrückungen und Ausbeutungen aufdecken, die sie in ihrer Beziehung zu ihm erleiden kann.

Im Vergleich zum Neger, dem Sklaven des Kolonialherrn, ist die Negerin zusätzlich noch Sklavin eines Sklaven.

Im kolonisierten Staat Schwarzafrikas erfährt die Negerin nicht ganz das gleiche Schicksal wie ihre farbige Schwester aus Lateinamerika. Der einzige Punkt, worin sie sich unterscheiden, ist ihre Beziehung zum Weißen. In der schwarzafrikanischen Kolonie ist der Weiße eine Besatzungsmacht, ein Eindringling, und er hat die Machtstellung, obwohl er (zahlenmäßig) in der Minderheit ist. In Lateinamerika ist die Negerin eine Entwurzelte. Hier ist sie diejenige, die sich in der Minderheit befindet. Und das, weil sie einer «Sklavenrasse» angehört, die aus Schwarzafrika verschleppt wurde, um das Gedeihen der Kakao- oder Kaffeeplantagen zu sichern. Die Neger Lateinamerikas sind nicht nur zahlenmäßig, sondern auch kräftemäßig in der Minderheit.

Sie haben keine Waffen. Militärisch gesehen sind sie also wie die Neger aus Simbabwe von einer weißen Minderheit beherrscht. Die lateinamerikanische Negerin gehört zu den Ärmsten der Armen und ist auch noch deren Opfer. Kurz gesagt: sie leidet unter einer doppelten Unterdrückung, einmal wegen ihrer Hautfarbe und dann auch noch wegen ihres Geschlechts.

---

90 Aimé Césaire, Et les chiens se taisaient, Paris, Présence africaine, 1974, S. 19.

– Als Schwarze wird sie als Sexobjekt ausgebeutet.

– Im Vergleich zu den männlichen Schwarzen Lateinamerikas wird sie unterbezahlt. Außerhalb ihrer Gemeinschaft hat sie auch keine Beziehungen zu jenen Schichten, die hauptsächlich aus Weißen bestehen, es sei denn, sie heiratet einen Weißen oder geht auf den Strich.

Auf dieser Ebene ist die Lage der um «Eingliederung» und «Assimilation» bemühten Negerin aus Lateinamerika ähnlich, wie sie Frantz Fanon in «Schwarze Haut, weiße Masken» beschrieben hat.

Will man eine Frauenbewegung beschreiben, die das Ziel hätte, die Stellung der schwarzafrikanischen Frau in der Gesellschaft zu ändern, so muß man den kolonialen oder neokolonialen Kontext berücksichtigen, in dem die Schwarzafrikanerinnen leben. Die Stellung der Frau in Frage stellen bedeutet gleich, die Strukturen der ganzen Gesellschaft in Frage zu stellen, vor allem wenn diese patriarchalisch ist. Mit dem Frauenproblem sind alle sozialen Probleme verknüpft: Politik, Kultur, Wirtschaft und soziale Fragen. Alles fällt darunter. Das Frauenproblem gehört in einen Gesamt-Kontext.

Da wo die Europäerin sich beklagt, zweifach unterdrückt zu werden, ist es die Negerin dreifach: wegen ihres Geschlechts, wegen ihrer Schichtzugehörigkeit und wegen ihrer Rasse. Sexismus – Rassismus – Kapitalismus: Drei Geißeln. Um erfolgreich zu sein, muß sich die schwarzafrikanische Frauenbewegung die Beseitigung dieser drei gesellschaftlichen Geißeln zum Ziel setzen. Mit anderen Worten, der Kampf der Schwarzafrikanerinnen kann sich keineswegs in eine Richtung engagieren, die die Besonderheit der Frauenfrage leugnet und deren Lösung von einem Befreiungskrieg nach algerischem Muster erwartet würde. Wir können es nicht oft genug wiederholen: Algerien hat einen nationalen Befreiungskrieg geführt, an dem die Algerierinnen teilgenommen haben. Dennoch sind diese nicht befreit worden!

Wer kann garantieren, daß ein Befreiungskrieg in einem schwarzafrikanischen Land tatsächlich die Abschaffung der Klitorisbeschneidung und der Infibulation nach sich ziehen wird? Die Schwarzafrikanerinnen können und dürfen nicht mehr die Männer über ihr Leben bestimmen und damit spielen lassen.

Noch nie hat ein gesellschaftliches System ohne wirkliche Teilnahme der Frau – auf der einen oder anderen Ebene – funktionieren können. Man verläßt sich auf sie, wenn es darum geht, die Kinder zu erziehen, die eintönigen, undankbaren, ewig wiederkehrenden häuslichen Pflichten zu erfüllen. Die selbstgewählte Aufgabe des Mannes – für das tägliche Brot zu sorgen – ist bei weitem lohnender als die der Frau. Seine gesellschaftliche Stellung ist viel interessanter. Sie erlaubt ihm, die Welt zu erobern und seine geistigen und körperlichen Fähigkeiten durch verschiedene Erfahrungen zu entwickeln.

In jeder Gesellschaft und in allen Bereichen findet man das Bild der Frau als Objekt wieder.

Nach der phallokratischen Logik ist das ganz natürlich. Man stellt sich nicht einmal die Frage, ob alles, was als «weiblich» hingestellt wird, es tatsächlich ist. In einer männlich bestimmten Gesellschaft gibt es nichts «Normaleres». Ob sie aus einem kolonisierten Land stammen oder nicht, die Phallokraten gleichen einander und üben die gleiche Unterdrückung auf die Frauen aus.

Wie kann man einer solchen Situation ein Ende setzen?

Den Frauen kommt die Erkenntnis, daß sie kämpfen müssen, gegen ein System kämpfen müssen, das die Frau in ihrer Existenz und ihrem Wesen leugnet. Kampf gegen ein System: das Patriarchat, die Phallokratie. Traditionalismus und Revolution stoßen zusammen, prallen aufeinander: Abscheu, Aufbegehren und Widerstand greifen ineinander. Kurzlebige Siege und vorläufige Niederlagen folgen einander.

«Manchmal triumphieren die Arbeiter, aber es ist ein kurzer Triumph. Das wirkliche Ergebnis ihrer Kämpfe ist weniger der unmittelbare Sieg als vielmehr der immer stärkere Zusammenschluß der Arbeiter.» Kämpfen bedeutet, sich entschlossen schlagen und an den Sieg so fest glauben wie an das Versprechen eines baldigen und gewissen Glücks. Also mit der festen Überzeugung kämpfen, daß ein positiver Ausgang kommt, ob wir ihn selbst erleben werden oder auch nicht. KÄMPFEN.

Die kolonisierten oder neokolonisierten Völker leben in einem Dilemma: entweder gegen ein System zu rebellieren, das sie ausbeutet, oder die Unterwerfung, die Sklaverei zu akzeptieren. In beiden Fällen kriegt das kolonisierte Volk «eins voll in die Fresse». Als erstes ertragen die Ureinwohner in der kolonialen Situation die zudringliche und unterdrückende Anwesenheit der «Kolonialherren». Diese Anwesenheit ist eine Aggression. Sie äußert sich in einer hemmungslosen Ausbeutung, gekoppelt mit dem Versuch der

Entmenschlichung. Die Anwesenheit der Kolonialherren verschlechtert zwangsläufig die Lage der Ureinwohner. Ihre Sitten werden zerrüttet, ihre sozialen Strukturen gesprengt, und ihr Leben wird sinnentleert.

Der kolonisierte Ureinwohner hat weder das Recht noch die Möglichkeit, sich als freier Mensch zu verhalten. Er lebt und handelt nach dem Willen des Kolonialherrn. Mit anderen Worten, er wird durch derartige Zustände enthumanisiert.

Seine Freiheit ist entfremdet. Er wird zum bloßen Werkzeug gemacht. Der Kolonialherr wird sich seiner bedienen, solange er es will, und sobald er ihn nicht mehr braucht (d. h. im kolonialen Kontext: sobald dieser für ihn schädlich wird), wird er ihn beseitigen. Diese Schädlichkeit äußert sich oft im Versuch, den Kolonialherrn in Frage zu stellen, in der Verweigerung, ihm zu gehorchen, was repressive Maßnahmen bei diesem auslöst: er schießt den Aufrührer ab wie einen tollwütigen Hund. Es ist oft geschehen: man braucht sich nur an Algerien, Vietnam ... zu erinnern, und es geschieht jetzt weiter.

Im Winter des Jahres 1976 bot uns das französische Fernsehen das gemeine Schauspiel einer weißen Familie Südafrikas, die sich über Neger lustig machte. Während der Familienvater auf unbewaffnete Neger schoß, die Lasten auf ihren Köpfen trugen, bogen sich die Mutter und die Kinder vor Lachen. Sie lachten aus vollem Halse, lachten Tränen, während sie die Opfer dieses grausamen Spiels Hals über Kopf davonlaufen sahen. Anlaß für diese Heiterkeit war der Scheinmord an diesen Negern. Aber «wer zuletzt lacht, lacht am besten».

Neben dieser Haltung der Selbstverleugnung, oder im Anschluß daran, bietet sich dem kolonisierten Menschen eine zweite Möglichkeit: die Revolte, der bewaffnete Kampf, der Zusammenstoß zwischen Herrn und Sklaven. So endete auch die oben genannte Fernsehsendung mit der Todesmeldung dieses sadistischen und mörderischen Kolonialherrn. Er wurde von einer Tretmine zerrissen. Diese zweite Möglichkeit, die Revolte der kolonisierten oder neokolonisierten Menschen, kann in eine ungeheure Gewalt münden. Die Geschichte ist reich an Beispielen dafür. Dien Bien Phu[91], Algerien und in letzter Zeit unter anderen Guinea-Bissau, Vietnam und Angola sind bezeichnende Beispiele.

---

91 Anm. d. Übers.: große Niederlage der Franzosen im Indochinakrieg.

Von der Männerfeindlichkeit

Manche Frauen neigen dazu, Mann und Gesellschaft über einen Kamm zu scheren, und sehen folglich im Mann ihren Hauptfeind. Wir glauben nicht – zumindest was Schwarzafrika betrifft –, daß der Mann der Feind ist. Gewiß werden in jedem patriarchalischen System die Institutionen durch Männer geschaffen (dies könnte ein Argument für die sexistischen Feministinnen sein). Aber ist nicht auch der Mann selbst entfremdet? Ist nicht allein die Tatsache, daß er ein frauenfeindliches Wertsystem aufstellt, schon ein Zeichen für seine Entfremdung? Sie zwingt ihn doch zu der Unterdrückung der Frau, die er für etwas ganz Natürliches hält, und zu seiner Fehlauffassung von der Rollenzuweisung der Geschlechter. In der patriarchalischen Gesellschaft ist der Mann entfremdet, er ist also kein freies Wesen. Ein Geschlecht, das ein anderes unterdrückt, ist kein freies Geschlecht. Eine Gesellschaft von Nicht-Entfremdeten wäre eher offen für Gleichheit. In ihr gäbe es weder Herren noch Sklaven; weder Herrscher noch Beherrschte; weder Kolonialherren noch kolonisierte Menschen; weder Vorgesetzte noch Untergebene.

Diese Gesellschaft gibt es nirgends. Bis heute gab es nur Versuche und gescheiterte Ansätze in diese Richtung. Es liegt an uns, diese Gesellschaft zu schaffen. Um dies zu erreichen, müssen wir aus unserem Handeln, aus allen Frauenkämpfen den Sexismus völlig ausklammern.

Von der Würdigung unserer Mütter

Was können wir über die Sitten, die Zivilisation und die Kultur sagen? Wie können wir sie beurteilen? Müssen wir für ihren Fortbestand eintreten oder sie als überholt verurteilen? Gewiß, sie sind hauptsächlich das, wodurch sich ein Volk oder eine Rasse definiert. Jede Kultur entwickelt sich. Das gilt für jede Zivilisation, also auch für die Sitten, im positiven wie im negativen Sinn.

Sehen die schwarzafrikanischen Völker ihre Sitten als barbarisch an, wie die Europäer es tun? Wie können sie fortbestehen? Wie haben sie sich etabliert?

Es gibt einen Zusammenhang zwischen den Mythen und den schwarzafrikanischen Sitten. Soll das heißen, daß die Sitten von den

Mythen abhängen oder umgekehrt? In Schwarzafrika sind diese Fragen schwer zu beantworten, da nur wenige objektive Unterlagen über diese Themen existieren. Die meisten Informationen, die wir darüber finden können, stammen von Kolonialherren, die es in den meisten Fällen sehr eilig hatten, über die verschiedenen Volksstämme Buch zu führen, mit denen sie in Berührung gekommen waren. Es handelt sich dabei entweder um Ethnologen, Anthropologen, Soziologen, oder um einfache koloniale Zivilverwalter, denen wohl kaum an einer objektiven Berichterstattung gelegen war, denn sie bemühten sich keinesfalls, die wirkliche Bedeutung der afrikanischen Sitten für die einheimischen Gesellschaften zu begreifen. Objektive Schriften über Schwarzafrika, die von Weißen aus der Kolonialzeit verfaßt wurden, sind eine Seltenheit.

Die kolonialistische Logik zielte darauf ab, den traditionellen schwarzafrikanischen Gesellschaften ihre Strukturen zu rauben und das schwarze Ich auszulöschen. Durch die Kolonisation wurde die schwarzafrikanische Zivilisation zwar nicht ganz zerstört, aber doch stark beeinträchtigt. In diesem Sinne wird auch Sartre von ihr sagen: «Es ist der Befehl ergangen, die Bewohner des annektierten Territoriums auf die Stufe eines höheren Affen hinabzudrücken, um dem Kolonialherrn die Rechtfertigung dafür zu geben, daß er sie wie Arbeitstiere behandelt. Die koloniale Gewalt hat nicht nur den Zweck, diesen unterdrückten Menschen Respekt einzujagen, sie versucht sie zu entmenschlichen. An nichts wird gespart, um ihre Traditionen zu vernichten, um ihre Sprachen durch unsere zu ersetzen, um ihre Kultur zu zerstören, ohne ihnen die unsere zu geben; sie werden durch Erschöpfung abgestumpft.» [92]

Trotz dieses Zustands haben doch viele Riten und Kulte überlebt. Die europäischen Verbrechen an der schwarzafrikanischen Zivilisation haben nicht alles ausgerottet. Anders gesagt, sie sind fehlgeschlagen. Und zwar dank der Hartnäckigkeit gewisser urafrikanischer Gebräuche. In Wirklichkeit war dieses Überleben auch das Ergebnis vielfacher Widerstände aus dem Fundus der Traditionen. So werden heute noch in Schwarzafrika uralte praktisch unveränderte Initiationsriten durchgeführt. Wie ist das möglich? Während der Kolonialzeit konnte man in fast allen Bereichen ein wirkliches Nachgeben der Schwarzafrikaner beobachten. Vor allem durch die

---

92 Jean-Paul Sartre, Situationen V, Kolonialismus und Neokolonialismus, Sieben Essays, Rowohlt Paperback, Reinbek bei Hamburg, 1968, S. 67.

Frauen wurden aber manche Sitten beibehalten. Wir sollten es ihnen danken. Unsere weiblichen Vorfahren und unsere Mütter haben ihre Kinder erzogen. In dieser Funktion müssen unsere Mütter nicht nur mit manchen Überlieferungen und manchen Mythen umgehen und sie ihren Kindern beibringen, sondern ihnen auch den Sinn für die Bewahrung der Sitten vermitteln. Durch ihren Widerstand gegen die Zerstörung der schwarzafrikanischen Zivilisation haben unsere Mütter revolutionär gehandelt. Dennoch behaupten manche, diese Haltung der Selbstverteidigung sei konservativ. Sie verstanden es als ihre Aufgabe, das zu bewahren, was ihnen wertvoll war, nämlich ihr kulturelles Erbe. Sie waren sich der Tatsache und Dringlichkeit bewußt, die schwarzafrikanische Zivilisation mußte gerettet werden, und das würde den Schwarzafrikaner als solchen retten. Die Frauen haben sich dazu verpflichtet und haben es erreicht, aber über den Umweg der alten Sitten. Zwar haben sie – während ihrer Knechtschaft – ihre Beziehung zu den Männern nicht grundsätzlich in Frage gestellt, aber sie haben unseren Dank verdient.

NEGERIN
Die Negerin ist nicht nur
FARBE
Die Negerin ist nicht nur
FLEISCH
Die Negerin ist nicht nur
MUTTER
Die Negerin ist nicht nur
GELIEBTE
Die Negerin ist nicht nur
MUSE
Die Negerin ist nicht nur . . .
Besungen als Geliebte, als geliebtes «Fleisch»
Besungen als Mutter, als «Beschützerin»
Besungen als Farbe, als «selbstbewußte Farbige»
Die Lieder über die Negerin
sagen überhaupt nicht
WER
Die Negerin ist.
Diese Lieder sagen wenig über
ihre Nöte,
ihre Freuden,
ihre Schmerzen,
ihre Hoffnungen,
. . . ihr LEBEN
Die Negerin
«Es LEBT»
Die Negerin,
Frau, «es» lebt als Frau
«Es» lebt
mit Kämpfen
  Niederlagen
  Siegen
Frau Negerin, produktive Kraft, Gebärmutter, Kämpferin.
«Es» IST
Die Negerin ist.

Vom gemeinsamen Kampf

*Die Emanzipation der Frau muß Hand in Hand mit dem
Verzicht des Mannes auf das feudale und bürgerliche Denken
gehen. Die Frauen aber wären im Unrecht, wenn sie darauf
warteten, daß Beschlüsse der Regierung und der Partei ihnen
die Freiheit bringen; sie täten besser daran, sich nur auf sich
selber zu verlassen und zu kämpfen.*

Ho Chi Minh

Das ist der gemeinsame Nenner der Frauen: die phallokratische Gewalt. Diese Gewalt läßt euch glauben, daß ihr ohne den anderen nichts geltet, ohne jenen, dessen «Hose wohlgefüllt» ist. Mit allen Mitteln versucht diese Gewalt euch auf die Stufe der Unterlegenen hinabzudrücken. Diese gewaltsame Gewalt läßt euch zeitweise aus euch heraustreten, um euch in euer wahres Wesen zurückzuversenken, nämlich in das edle und würdige Wesen, das euch innewohnt, dieses verblutete Wesen, das sich jedesmal verletzt fühlt, wenn der Mann sich euch gegenüber als echter Phallokrat verhält, dieses Wesen, das der Mann zu entfremden oder gar zu töten versucht. Diese heimtückische, frauenfeindliche Gewalt kann sich wie ein Ungeheuer unter verschiedenen Masken verbergen. Sie kann euch mit Trugbildern bezaubern und einschläfern und euch vielleicht eines Tages aus dem Schlaf reißen oder euch mißhandeln oder gar euch in eurem «Verblendungsschlaf», in eurem «Verblendungszauber» umbringen. Diese Gewalt ist da. Sie ist das tägliche Los aller unterdrückten Frauen, wo immer es sei und was immer sie tun. Dieser Gewalt entgehen weder Analphabetinnen noch Intellektuelle. Es ist keine metaphysische, sondern eine reale und konkrete Gewalt. Diese männliche Gewalt kann ebenso brutal wie subtil sein. Sie bleibt jedoch, was sie ist. Im Gegensatz zu der revolutionären Gewalt befürwortet sie die Sklaverei. Diese Gewalt will den anderen, die Frau beherrschen. In diesem Sinne kann man sie als eine Art Terrorismus bezeichnen.

In all diesen hier beschriebenen Formen bringt die Gewalt nicht Menschlichkeit hervor, sondern vernichtet sie. Sie ist phallokratischer Faschismus. In jeder Gesellschaft, in jeder sozialen Gruppe muß sie daher restlos ausgerottet werden.

Die Behauptung, die Kämpfe der schwarzafrikanischen Frauen, der Frauen aus den Ländern der Dritten Welt oder aus Europa seien identisch, läßt von vornherein bei vielen Zweifel aufkommen. Worin sollte diese Übereinstimmung im Kampf bestehen? In Schwarzafrika sind die materiellen und kulturellen Bedingungen ganz anders als anderswo. Die industrielle Entwicklung ist dort nicht so fortgeschritten wie in europäischen Staaten. Man muß daher die jeweiligen Lebensumstände der Frauen in Ländern der Dritten Welt, in Schwarzafrika und in den Industrieländern berücksichtigen. [93]

Die Europäerinnen: Welche Probleme haben die Europäerinnen? Das Entwicklungsstadium ihrer Gesellschaft schließt keineswegs aus, daß sie sich im Vergleich zum Mann unterdrückt und ausgebeutet fühlen. Ist die Unterdrückung der europäischen Frauen durch die Männer mit der Unterdrückung der Arbeiter identisch? Oder haftet ihr etwas Spezifisches an? Es ist völlig unangemessen, Ausbeutung und Unterdrückung von Arbeitern und Frauen einander gleichsetzen zu wollen.

Wir wollen das hier erläutern. Die berufstätige Frau leidet genauso wie der Mann unter dem unterdrückenden und ausbeutenden System des Kapitals, sie leidet sogar mehr darunter, weil weibliche Arbeit oft abgewertet wird. Sie entgeht also keineswegs den Folgen des Systems. Unabhängig davon aber leidet die Frau unter einer anderen Art von Ausbeutung durch den Mann – ihren Mann, ihren Partner, ihren Bruder oder Vater, die das Ergebnis ihrer Unterjochung durch das patriarchalische System ist.

Die verheirateten Europäerinnen, die nicht außer Hause arbeiten, sind nur dafür verantwortlich, sich um ihren Haushalt zu kümmern, Kinder zu gebären und sie zu erziehen und für das Wohlbefinden ihres Mannes zu sorgen. Es ist eine verhängnisvolle Situation, weil sie den Frauen nicht erlaubt, sich zu entfalten. Die Arbeit der Hausfrau trägt keineswegs zur Selbstverwirklichung bei. Tagtäglich werden Arbeitsvorgänge wiederholt, die sich als geisttötend und somit unbefriedigend erweisen.

---

93 Dieses Buch hat nicht den Anspruch, über den Feminismus im allgemeinen zu sprechen. Diese kurze Übersicht ist vor allem für die Schwarzafrikanerinnen gedacht.

In den Vereinigten Staaten: In Massachusetts durften die Frauen schon seit 1691 wählen, dieses Recht wurde ihnen aber 1780[94] entzogen. Sie hörten deshalb aber nicht auf, zu kämpfen und aktiv zu sein. So forderte 1840 die *Equal Right Association* Gleichheit vor dem Gesetz für die Frauen und die amerikanischen Schwarzen. Der Kampf dieser Frauen ist mit Streiks vollgepflastert. Darunter der berühmte Streik der Textilarbeiterinnen, die gleiche Löhne für Mann und Frau und den 10-Stunden-Tag forderten. Er fand am 8. März 1857 statt. Seitdem wird jedes Jahr das Andenken an diesem Tag gefeiert.

Zwölf Jahre später schlossen sich die Frauen in der National Woman's Suffrage Association[95] zusammen, die sich dann 1800 mit einer konservativen Frauenbewegung, der American Women Suffrage Association[96] zusammentat, um die N. A. W. S. A. [97] zu gründen. In der Folge gingen aus der feministischen Bewegung zahlreiche Frauengruppen und -verbände hervor. Shulamith Firestone[98] hat uns eine bemerkenswerte Untersuchung darüber geliefert.

Durch ihre verschiedenen Einsätze erkämpften sich die Amerikanerinnen 1920 das Wahlrecht. Sie wurden aber schnell ernüchtert. Dieses ertrotzte Recht billigte ihnen praktisch nichts zu. Daraus entstanden drei Richtungen im Feminismus:

– eine konservative Bewegung;
– eine politische Bewegung: «die Politikerinnen aus Passion»;
– und eine radikale feministische Bewegung, die heute überwiegt.

In England: Der aktive Feminismus beginnt mit Mary Wollstonecraft. Mit ihrem berühmten Buch *A Vindication of Rights of Woman,* das 1792 veröffentlicht wurde, war sie bahnbrechend für den britischen Feminismus. Nachdem die Amerikanerinnen ihr erstes Wahlrecht erlangt hatten, dauerte es 150 Jahre, bis die Engländerinnen sich in einer nationalen Gesellschaft für das Frauenwahlrecht zusammenschlossen. Das geschah im Jahr 1868 (d. h. zwei Jahre nachdem der Philosoph John Stuart Mill das Wahlrecht für die Frauen

---

94 Le Courrier, März 1975, UNESCO, «Année internationale de la femme» (Das internationale Jahr der Frau).
95 Nationaler Verband für das Frauenwahlrecht.
96 Amerikanische Vereinigung für das Frauenwahlrecht.
97 National American Woman's Suffrage Association.
98 The dialectic of sex, deutsch: Frauenbefreiung und sexuelle Revolution.

gefordert hatte). Die Kämpfe der englischen Frauen setzten sich fort und erfuhren eine Wiederbelebung mit Emeline Pankhurst, die 1903 die Gründung der *Women Social und Political Union* in die Wege leitete. Diese feministische Bewegung störte die Regierenden so sehr, daß sie zu repressiven Maßnahmen griffen und einige ihrer Aktivistinnen einsperrten; unter anderen Emeline Pankhurst im Jahr 1903, Annie Kenney und Christabel Pankhurst im Jahr 1905, Flora Drummond und noch einmal Emeline und Christabel Pankhurst im Jahr 1908. Erst 1918 bekamen die Engländerinnen das Wahlrecht, allerdings mit einer Altersbeschränkung. Am Wahltag mußte man über 30 sein. Seitdem hat die feministische Bewegung nie aufgehört, für ihre Forderungen zu kämpfen. Inzwischen ist sie ziemlich weit verbreitet.

Frankreich: Hier haben die Frauenkämpfe[99] viel später als in Amerika und England begonnen. Schon 1788 verlangte jedoch der Philosoph Condorcet das Recht auf Erziehung und bezahlte Arbeit für die Frauen sowie ihren Zugang zur Politik. Die erste bedeutende Tat war die Gründung der Liga für das Recht der Frauen im Jahr 1882. Die Frauenbewegungen erlebten 1934 einen Höhepunkt und traten mit dem Internationalen Frauenkongreß in Paris an die Öffentlichkeit. Thema dieses Kongresses war der Kampf gegen den Faschismus und den Krieg. Dies auf Grund der verheerenden Folgen des Ersten Weltkrieges. Erst mit der Volksfront wagen die Frauen die ersten Schritte in die Politik. 1936 wurden nämlich drei Frauen in die Regierung berufen. Schließlich bekamen die Französinnen 1945 das Wahlrecht, d. h. 27 Jahre nach den Engländerinnen. Von diesem Zeitpunkt an haben sie für ihre Rechte und die Gleichberechtigung der Geschlechter weitergekämpft. Sie forderten gleichen Lohn für gleiche Arbeit für Mann und Frau, Abschaffung des Sexismus, totale Geburtenkontrolle. Parallel zur Women's Lib in den Vereinigten Staaten gibt es in Frankreich eine Bewegung zur Befreiung der Frau. Es handelt sich weder um eine strukturierte Partei noch um eine einheitliche Bewegung, sondern um eine Initiative von Frauen, die die Notwendigkeit empfunden haben, sich zusammenzuschließen, um eine Verbesserung ihrer Lebensbedingungen durchzu-

---

99 Wir weisen auf Olympe de Gouges und ihr Buch «Les Droits de la femme et de la citoyenne» (Die Rechte der Frau und der Bürgerin) (1791) hin, die am 3. November 1793 durch die Guillotine starb.

setzen. M. L. F. kennt verschiedene Richtungen: die Trotzkistin-nen[100], die psychoanalytisch-politische Richtung, der Kreis Di-mitriew, die revolutionären Leninistinnen, die Lesbierinnen, usw.

Der größte Sieg der feministischen Bewegung «Choisir», deren Wortführerin die Rechtsanwältin Gisèle Halimi ist, war vor einiger Zeit im Parlament die Durchsetzung des Gesetzes, das die Schwangerschaftsunterbrechung regelt. Es geschah nach dem Abtreibungsprozeß von Bobigny, der viel Aufsehen erregte.

Zur Zeit kämpfen sie unter anderem gegen die Vergewaltigung und die dazu noch geübte Rechtspraxis in Frankreich.

Schwarzafrika: Auch die Schwarzafrikanerinnen sind auf diesem Gebiet nicht tatenlos. Die Schwarzafrikanerinnen, ob «Feministin-nen» oder nicht, haben an den verschiedenen Kämpfen teilgenommen, die in ihrem Land ausgetragen wurden. Sie haben so bewiesen, daß sie den Problemen ihres Landes und ihrer Gesellschaft nicht gleichgültig gegenüberstanden. So ist auch heute ein Zulauf der Frauen in die Befreiungsbewegungen ihres Landes zu beobachten. Selbst wenn die schwarzen Frauen nicht Urheberinnen dieser Kämpfe waren (was noch zu beweisen wäre), schlossen sie sich schnellstens den Männern an, sobald gekämpft werden mußte, um das Volk vom kolonialen oder neokolonialen Joch zu befreien. Erst dann, und nur dann kann man auch eine Art Gleichberechtigung zwischen Mann und Frau feststellen. Mit der Waffe in der Hand kämpfen sie beide für ein gemeinsames konkretes Ziel: die Freiheit, die Befreiung ihres Landes. Im Kampf ist die Frau den gleichen Risiken wie der Mann ausgesetzt. Für den Kolonialherrn ist sie als Zielscheibe genauso willkommen wie der Mann, ob sie nun Guerilla-kämpferin ist oder nicht. Eine derartige Situation hebt sie auf eine Ebene der Gleichheit. Die Mutter kämpft an der Seite des Vaters, die Tochter an der des Sohnes. Um so mehr erkennt der Mann die Gleichberechtigung der Frau an. Dann fragt man nicht mehr danach, ob sie zu schwach oder zu dumm sei, um abzudrücken, wenn es sein muß, oder um zum richtigen Zeitpunkt eine Handgranate zu werfen, oder auch um dies oder jenes am richtigen Platz zu verstek-ken ... Die Technik des Guerillakampfes kann gleichermaßen von

---

100 Feministinnen der Richtung «Lutte des classes» («Klassenkampf»).

Frau und Mann aufgenommen werden. Das gleiche gilt für den kämpferischen Einsatz, in dem die Aufgaben nicht nach Geschlecht verteilt werden.

Was geschieht aber, wenn der Krieg zu Ende ist, wenn man gesiegt hat? Diese Frage ist nur folgerichtig und berechtigt, wenn man bedenkt, was in den letzten Zeiten nach Befreiungskriegen in der Welt geschehen ist. Sobald der Befreiungskrieg beendet ist, «nehmen die Dinge wieder ihren alten Lauf». Anders gesagt, die Männer kehren zu ihren früheren Beschäftigungen zurück und die Frauen ebenfalls.

Weder haben sie mit gewissen Widersprüchen Schluß gemacht, noch haben sie sie zur Diskussion gestellt, weil diese Widersprüche ein Teil der patriarchalischen Gesellschaft sind, in der sie leben. Sie haben sich noch nicht gewisser Sitten entledigen können, von denen die Konserrativen behaupten, diese Sitten seien für uns nichteuropäische Frauen notwendige Mittel zum Widerstand gegen die unaufhörlich wachsende Vormachtstellung des Neokolonialismus oder des Imperialismus.

Das Beispiel Guinea: Mit der Erlangung der Unabhängigkeit hat sich Guinea für den Sozialismus entschieden. Dies geschah, nachdem das Land bei der von de Gaulle 1958 einberufenen Volksabstimmung mit «Nein» gestimmt hatte, da wo andere afrikanische Staaten aus Angst vor einer ungewissen Zukunft mit «Ja» stimmten. Diese Entscheidung sollte schwerwiegende Folgen für die Masse des guineischen Volkes haben. Sie zwang das Volk zu gewaltigen Anstrengungen. Aber was ist aus der guineischen Frau geworden?

Im Alltag ebenso wie in den Gruppengesprächen mit Guineern kann man sehen, daß Guinea zur Zeit ein Staat im Wandel ist und gleichzeitig von seiner kulturellen Vergangenheit geprägt bleibt. Die Wertvorstellungen der Vorfahren bestehen noch. In manchen Orten und Schichten sind sie sogar vorherrschend. Man muß jedoch hervorheben, daß Guinea eines der Länder ist, das als politisches Ziel die wirkliche Eingliederung der Frau verfolgt. Anders gesagt, es ist einer der ersten Staaten, der eine Politik der Eingliederung und Emanzipation der weiblichen Bevölkerung fördert. Als es darum ging, gegen die reaktionären Kräfte vorzugehen, die Guinea unter Kolonialherrschaft behalten wollten, waren die guineischen

Frauen dabei. Sie haben gegen den Feind gekämpft. Ein Beispiel ist die tapfere M'Balia Camara, die am 9. Februar 1955 starb. M. David Sylla, ein Vasall der damaligen Kolonialherren, hatte der Hochschwangeren den Bauch aufgeschlitzt. Ihr Todestag wird seither als Tag der guineischen Frau begangen. Guinea ist auch einer der afrikanischen Staaten mit dem höchsten Frauenanteil in der Regierung. So ist zum Beispiel festzustellen, daß Algerien mit seinen 15 772 000 Einwohnern [101] im Jahr 1977 nur acht Frauen unter zweihunderteinundsechzig Abgeordneten zählte, während Guinea mit seinen 4 208 000 Einwohnern [102] im Jahr 1975 [103] zweiundzwanzig Frauen unter den sechsundsiebzig Abgeordneten zu verzeichnen hatte. Man setzte auch eine Frau als Ministerin für soziale Fragen ein, und zwar Frau Mafory Bangoura, die auch den Frauenausschuß der P. D. G. [104] leitet, obwohl sie die französische Schule nie besucht hat. Auch bei den Vereinten Nationen ist Guinea durch eine Frau vertreten. In allen Bereichen des öffentlichen Lebens trifft man Frauen an. Sie sind Ingenieurinnen, Apothekerinnen, Professorinnen, Gouverneurinnen einer Region, persönliche Referentinnen in Ministerien, Firmenleiterinnen ... Man bemüht sich also, etwas für die Frau zu tun, aber das ist nicht alles.

Beim guineischen Volk spürt man ein tiefes Bedürfnis nach Veränderungen. Man sollte zu verstehen versuchen, welche Folgen sich aus diesem Bedürfnis ergeben (und nicht versuchen, diese zu rechtfertigen oder zu entschuldigen).

Wenn eine Veränderung nicht das Ergebnis langfristiger Reformen ist, kann sie nur plötzlich und brutal eintreten, nämlich durch Revolution. Vielleicht sollte man das Werk des heutigen guineischen Regimes – mit seinen Errungenschaften und Schwächen – unter diesem Aspekt sehen.

Es wurde viel von «selbst-organisierten» Verschwörungen und Ermordungen in Guinea gesprochen. Manche behaupten sogar, es herrsche dort eine Diktatur. Da wir die guineische Politik nicht objektiv zu beurteilen vermögen, wollen wir sie auch nicht aburteilen. Wir können jedoch feststellen, daß die Lebensbedingungen der

---

101 und 102 Annuaire statistique (Statistisches Jahrbuch), UNESCO, Paris 1974, S. 27.

103 Revue du Parti démocratique de Guinée, Nr. 84, «Emanciper la femme, c'est émanciper la société» (Die Frau zu emanzipieren heißt, die Gesellschaft emanzipieren), Conakry, 1975, S. 14.

104 Parti démocratique de Guinée (Demokratische Partei Guineas).

Frau dort bei weitem besser sind als in anderen afrikanischen Staaten. Warum?

In Guinea stellt sich das Regime von Ahmed Sékou Touré in erster Linie die Aufgabe, noch bevor es sich überhaupt um andere Probleme kümmert, den Volksmassen ein Bewußtsein, eine Erziehung zu geben, die den sozialen Strukturen und ihren Bedürfnissen entsprechen. Der Präsident Guineas denkt gewiß: «Wer die Jugend bildet, ist Herr über die Zukunft».

Da Guinea jede Art von Imperialismus abgelehnt hat, fand es sich zunächst von den Industrieländern abgeschnitten, bevor die Beziehungen vor kurzem wieder aufgenommen wurden. Ist Guinea ein fortschrittlicher Staat? Sein Motto scheint folgendes zu sein: «Lieber arm und würdig als reich und unfrei». Aber wir wollen uns nicht darauf beschränken, nur die positiven Aspekte des guineischen Staates aufzuzeichnen. Ist dieser Staat, der sich als fortschrittlich begreift, nicht in mancher Hinsicht archaisch? Vor allem denken wir an Praktiken wie die Klitorisbeschneidung, die unseren guineischen Schwestern angetan wird. Dort werden etwa 85 % der Frauen beschnitten.

Wir beziehen uns hier auf die Umfrage von Pierre Hanry über die Klitorisbeschneidung: «... 84 % der Mädchen sind beschnitten, und nur 8 % behaupten, sie seien es nicht. Der Prozentsatz jener, die Protest gegen ihr Schicksal erheben, ist sehr gering: nur 12 % klagen über ihre Klitorisbeschneidung, und 35 % geben zu erkennen, daß sie nicht die Absicht haben, ihre Töchter beschneiden zu lassen. Diese letzte Zahl, höher als die andere, drückt bestimmt eine Protesthaltung aus. Wir müssen aber diese Zahl den 44 % gegenüberstellen, die ihre Töchter beschneiden lassen werden, und den 21 %, die zur Zeit keine eigene Meinung darüber haben, aber Gefahr laufen, bei gegebenem Anlaß die Ansprüche der Tradition zu erfüllen.» [105]

Soll das bedeuten, daß die politischen Kräfte mit Absicht von den Problemen der Frau in diesem Bereich abgelenkt haben? Oder handelt es sich dabei um eine Unkenntnis des Frauenproblems? Eine objektive Untersuchung dieser Praktiken sollte diese als einen Angriff auf die Stellung der Frau entlarven, und sie nicht mit dem Argument zudecken oder rechtfertigen, sie gehörten der traditionellen kulturellen Vergangenheit an, und diese sei heilig.

---

105 P. Hanry, Erotisme africain, Paris, Payot, 1970, S. 47–48.

Die guineische Frau leidet unter der Polygamie, obwohl Guinea auf diesem Gebiet fortschrittlicher als andere Länder war. Schon 1968 wurde nämlich dort der Polygamie der Kampf angesagt. Am 16. Februar 1974 erklärte Sékou Touré: «Man muß der heranwachsenden Generation den Haß auf die Polygamie einimpfen.»

Vom Kampf der schwarzen Frau

Zum Glück hat der Kampf der Negerinnen nicht erst heute angefangen. Früher haben sie mit den Mitteln gekämpft, die ihnen zur Verfügung standen. So haben zum Beispiel unsere verschleppten Ahnen, um ihre Kinder nicht der Sklaverei ausliefern zu müssen, diese durch Nadel- oder Dornenstiche in den Schädel getötet. Sollte man sie dafür verdammen?

Es geschah auf den Antillen zu einer Zeit, da Empfängnisverhütung für sie unbekannt war und die Sklaverei eine qualvolle Wirklichkeit.

Man kann uns entgegenhalten, sie hätten sich doch selber umbringen können, anstatt ihre Kinder zu töten. Für sie aber war es eine Frage des Kampfes. Gegen die Sklaverei zu kämpfen hieß den weißen Herren soviel Opfer wie möglich zu entreißen.

Es geschah nicht aus Mangel an Liebe für ihre Kinder, wie es einige haben glauben wollen. Gerade weil sie ihre Kinder liebten, wollten sie ihnen das Leid ersparen, das sie selber erdulden mußten. Revolutionärer oder barbarischer Brauch? Wir wollen dies hier nicht klären, sondern versuchen, den Sinn dieses Brauchs zu begreifen. Er ist in einem revolutionären Kontext zu verstehen.

Was aber können wir heute den Negerinnen raten?

Ein Abbild der europäischen Gesellschaft, die völlig zerfällt? Muß denn Afrika dieses Muster übernehmen? Wenn es etwas für die Rettung eines Staates zu tun gibt, der den Krallen der Kolonialherren vor kurzem entrissen wurde, oder der noch in ihren Fesseln steckt, dann ist es sicherlich am wenigsten angebracht, eine Gesellschaft nachzuahmen, in der die Familie zerfällt und der Individualismus herrscht. Sie kennen doch die große Bedeutung der Familie in Schwarzafrika – die Familie im weitesten Sinne –, d. h. mit den Großeltern, den Eltern, den Verwandten und den Kindern. Wir wollen ein echtes, anständiges, ausgefülltes Leben führen und uns entfalten können, und dies in der Gemeinschaft. Man kann sich unter dem Kampf der schwarzafrikanischen Frauen ganz gewiß etwas anderes als einen reinen Abklatsch der Kämpfe der europäischen Frauen vorstellen. Der Lebensstandard der Afrikanerinnen und Europäerinnen ist sowieso nicht vergleichbar. Im Gegensatz zu Afrika ist Europa industrialisiert. Die familiären und gesellschaftlichen Strukturen sind verschieden. Es gibt keine Gleichwertigkeit, also auch nichts zu übernehmen und zu assimilieren.

Aber Vorsicht ist geboten! Als Frauen fühlen wir uns mit dieser jungen sechzehnjährigen Italienerin solidarisch, die von ihrem Bruder vergewaltigt wurde und bei der sich die Ärzte weigern, ihr mit der Abtreibung zu helfen.[106] Wir fühlen uns mit all den eingesperrten Angela Davis und Eva Forest solidarisch, woher sie auch stammen mögen, mit den Vietnamesinnen, die tapfer gekämpft haben um den Sieg über die amerikanischen «Papiertiger», und mit den Schwarzafrikanerinnen, die für die Befreiung Simbabwes kämpfen.

Lange Zeit hat man im Neger einen Affen sehen wollen, dem man jegliche Initiative absprach (diese hatte ihm der Kolonialherr ausgetrieben) und dem man nicht zutraute, seine eigene Rolle einzunehmen. Wenn eine Negerin ihre Solidarität mit Frauen anderer Rassen konkret zeigt, tut sie es nicht – wie es manche traditionalistische Neger glauben wollen – aus Anpassung, sondern aus einer tiefen Überzeugung heraus. Jede Anspielung auf Nachahmung wäre nur der Beweis dafür, daß man die objektive politische Dimension der Frauenfrage nicht verstehen oder die Frauen bewußt entzweien will.

Die Frauensolidarität hängt nicht von der Rasse oder dem sozialen Stand ab. Sie muß so verstanden werden, daß alle Frauen, ob schwarze, gelbe, weiße, spießbürgerliche Arbeiterinnen, Nicht-Proletarierinnen oder «Lumpenproletarierinnen» von dem patriarchalischen System ausgebeutet werden.

Durch die Behauptung ihrer Solidarität mit dem Kampf anderer Frauen, stellt die Negerin eine Verschwesterung her. Aimé Césaire sagte: «Es gibt in der Welt keinen armen, gelynchten Kerl, keinen armen Gemarterten, in dem man nicht auch mich tötet und quält.»[107] Und ebenso sagen auch wir, es gibt in der Welt keine beschnittene, infibulierte, verstümmelte, geschlagene und verleumdete Frau, in der wir nicht auch selber getroffen und gedemütigt sind.

Als Frau begreifen wir uns als Schwester jeder Unterdrückten. Ob das schwesterliche Verhältnis akzeptiert wird oder nicht, es ist da. Es wird angeboten, und die Frauen können damit anfangen, was sie wollen. Die Angst und der Minderwertigkeitskomplex liegen uns fern, die von Aimé Césaire in seiner «Rede über den Kolonialismus» so beschrieben werden: «Ich spreche von Millionen Menschen, denen man geschickt die Angst, den Minderwertig-

106 Siehe Libération, 1977, Artikel von Martine Storti
107 Aimé Césaire, Et les chiens se taisaient.

keitskomplex, das Zittern, die Verzweiflung, das Domestikentum eingeimpft hat.»[108]

Wir stehen zu uns. Was spielt es für eine Rolle, was der andere denkt: der Weiße. Die Negerin soll sich nicht in bezug auf die andere (die Weiße) definieren und der Neger auch nicht in bezug auf den Weißen. Langsam wird das auch begriffen. Und die erste Feststellung ist, daß sich die städtischen Schwarzafrikaner langsam dessen bewußt werden, daß es eine Negerexistenz gibt, die sich in einer Denkart und Handlungsweise offenbart, die mit der kolonialen oder neokolonialen Ideologie bricht. Daher der Ansatz für eine Rückkehr zu den Ursprüngen. Bestimmte Gebräuche gewinnen wieder an Wert. Es werden wieder typische afrikanische Kleider und Frisuren getragen, während es seit der Kolonisation bis 1968 einen wachsenden Entfremdungsprozeß gab, der die Negerin ermutigte, sich mit der weißen Frau zu identifizieren. Das war an der häufigen Entkräuselung der Haare oder dem permanenten Tragen einer Perücke mit glatten Haaren auf pechschwarzer Haut zu erkennen.

Die Kriterien für die schwarze Schönheit lassen sich nicht mit den Kriterien anderer Rassen vergleichen. Sie resultieren aus der schwarzen Besonderheit. Wenn das Schönheitsideal des Negers durch eine seiner Gesellschaft fremde Schönheit definiert wird, geht die Negerin in eine Falle und verirrt sich, wenn sie das Spiel mitspielt, das der Neger ihr aufzwingen will. Dadurch verrät und verleugnet sie sich selbst, und darüber hinaus werden auch ihre Zivilisation und ihre Rasse verraten.

Wenn wir erfahren, daß der Neger, der beschuldigt wurde, sexuell mit einer weißen Frau verkehrt zu haben, mit der Kastration[109] bestraft werden konnte, während der Weiße, der eine Negerin vergewaltigte, sich keiner Strafe aussetzte, keinen Vorwurf zu befürchten hatte, sind wir der Meinung, daß die Negerinnen hier die Pflicht haben, sich aufzulehnen und mit Entschlossenheit gegen ein System zu kämpfen, das ein solches Unrecht duldet.

Von daher versteht man auch leicht, warum echte Beziehungen zwischen Negern und Weißen so schwierig sind. Was Simone de Beauvoir auch anspricht, wenn sie über die «Solidarität» unter Frauen schreibt: «Als Frauen des Bürgertums sind sie solidarisch

---

108 Discours sur le colonialisme, Présence africaine, Paris, S. 20.

109 Frantz Fanon, Schwarze Haut, weiße Masken, Frankfurt a. M., Syndikat, 1980.

mit männlichen Bourgeois und nicht mit den Frauen des Proletariats, als Weiße mit den weißen Männern und nicht mit den schwarzen Frauen.»[110]

Dies entspricht der Grundtendenz. Gewiß gibt es heute eine wirkliche Solidarität zwischen schwarzen und weißen Frauen. Man findet sie aber bei einer Minderheit, bei den Feministinnen, wenn überhaupt! Doch wenn sie sich einbilden, ihre Solidarität mit anderen Frauen zu beweisen, indem sie sich ihnen unterwerfen, dann handelt es sich keineswegs um «kämpfende» Frauen. Damit sind sie weit davon entfernt, für die Frauenbefreiung zu handeln.

Einst wurden unsere schwarzen Ahnen verschleppt, um auf den Plantagen der Weißen in Amerika und auf den Antillen zu arbeiten. Sie lebten in der Knechtschaft. Jene, die das «Glück» hatten, in ihrer Heimat zu bleiben, wurden auch unterjocht. Heute noch besteht dieses Joch, wenn auch subtiler.

Dies ist der Fall bei dem weißen Menschen (Mann oder Frau), der dich (Neger oder Negerin) ausnutzt, nur um seine Neugier zu befriedigen, um von deinen Diensten zu profitieren, aber dich nachher nicht mehr kennt. Schluß! Keinen Kontakt mehr.

Es ist das gleiche Beziehungsschema, das damals seine Ahnen mit deinen kolonisierten oder versklavten Vorfahren unterhielten. Diese Situation müssen wir überwinden, sie kann nicht mehr geduldet werden. Die Negerin und der Neger dürfen nicht mehr diese Rolle des Hampelmannes spielen. Alle Negerinnen und Neger müssen den Zombie[111] aus sich herausreißen, der in ihnen schlummert, so schmerzhaft ein solcher Prozeß auch sein mag.

Es ist zwingend notwendig, daß sich Frauen in eigenen Gruppen versammeln, daß sie sich von den gemischten Parteien distanzieren, in deren Strukturen Faschismus und die phallokratische Ideologie vorherrschen. Man darf nicht vergessen, daß die Befreiung der unterdrückten Massen, um effektiv zu sein, einen Kampf voraussetzt, der mit und gegen Frauen, mit und gegen Männer geführt werden sollte. Die Lösung des Frauenproblems wird nämlich kollektiv und international sein. Nur um diesen Preis, oder gar nicht, wird eine Veränderung ihrer Lebensbedingungen zu erreichen sein. Man möge einen Blick auf die Geschichte der Frauenfrage werfen. Sie ist

---

110 Simone de Beauvoir, Das andere Geschlecht, rororo 6621, Rowohlt, Reinbek bei Hamburg, 1968, S. 13.

111 Anm. d. Übers: Zombies = lebende Leichname.

von Kämpfen gezeichnet und durchsetzt und hat nie aufgehört, sich weiterzuentwickeln. Das Tempo dieser Entwicklung ist aber sehr langsam, und man kann erkennen, daß den Frauen, die für ihre Befreiung und somit für die ihrer Gesellschaft kämpfen, ein langwieriger Kampf bevorsteht. Mit anderen Worten: es handelt sich dabei nicht um einen Kurzstreckenlauf, sondern um einen Marathon. Die Frauen sollen sich entsprechend wappnen, um ihn erfolgreich durchzustehen.

Paris, den 5. Juli 1977

Die Bücher kosten nur noch
ein Fünftel ihres früheren Preises …

... schrieb der Bischof von Aleria 1467 an Papst Paul II. Das war Gutenberg zu verdanken.

Heute, 500 Jahre später, kosten Taschenbücher nur etwa ein Fünftel bis ein Zehntel des Preises, der für gebundene Ausgaben zu zahlen ist. Das ist der Rotationsmaschine zu verdanken und zu einem Teil auch – der Werbung: Der Werbung für das Taschenbuch und der Werbung im Taschenbuch, wie zum Beispiel dieser Anzeige, die Ihre Aufmerksamkeit auf eine vorteilhafte Sparform lenken möchte.

Literaturhinweise

Atkinson, Ti-Grace, *Amazonen-Odyssee,* aus d. Amerik. v. Strempel, Gesine, 1978, Frauenoffensive, München

Beauvoir, Simone de, *Das andere Geschlecht,* (rororo 6621), Rowohlt, Reinbek bei Hamburg, 1968

Beauvoir, Simone de, *Eine gebrochene Frau,* 1972 (rororo 1489) Rowohlt, Reinbek/Hamburg

Césaire, Aimé, *Und die Hunde schwiegen,* hg. v. Müller, Artur/Schlien, Hellmut, übers. v. Jahn, Jan H., 1956 (Dramen der Zeit 20) Lechte, Emsdetten/Westfalen

Césaire, Aimé, *Über den Kolonialismus,* 1968, Wagenbach, Berlin (Rotb. 3)

Chesler, Phyllis, *Frauen – das verrückte Geschlecht,* 1977 (rororo 7063), Rowohlt, Reinbek bei Hamburg

Davis, Angela, *Mein Herz wollte Freiheit. Eine Autobiographie,* übers. v. Hasenclever, Walter 1975, Hanser, München

Diawara, F., *Manifest des primitiven Menschen,* Trikont-Verlag, München, 1979

Fanon, Frantz, *Schwarze Haut, weiße Masken,* Syndikat, Frankfurt a. M., 1980

Firestone, Shulamith, *Frauenbefreiung und sexuelle Revolution,* Fischer Verlag, Frankfurt, 1975

Friedan, Betty, *Der Weiblichkeitswahn oder Die Selbstbefreiung der Frau. Ein Emanzipationskonzept* (rororo 6721), Rowohlt, Reinbek bei Hamburg

Greer, Germaine, *Der weibliche Eunuch. Aufruf zur Befreiung der Frauen,* 1971, Fischer Frankfurt a. M.

Hegel, Georg W. F., *Vorlesungen über die Philosophie der Weltgeschichte,* Felix Meiner, Hamburg, Bd. 1: *Die Vernunft in der Geschichte,* hg. v. Hoffmeister, Johannes, 1970

Lévi-Strauss, Claude, *Das wilde Denken,* Suhrkamp, Frankfurt a. M., 1968

Marcuse, H., *Konterrevolution und Revolte,* Suhrkamp, Frankfurt a. M., 1973

Marx, Karl, *Manifest der kommunistischen Partei,* hg. v. Stammen, Theo, 1978, W. Fink, München

Pizzey, Erin, *Schrei leise. Mißhandlungen in der Familie*, 1978, Fischer Tb 3404, Frankfurt a. M.

Reich, Wilhelm, *Die sexuelle Revolution. Zur charakterlichen Selbststeuerung des Menschen*, 1971, Europäische Verlagsanstalt, Frankfurt a. M.

Samuel, Pierre, *Amazonen, Kriegerinnen und Kraftfrauen*, 1978, Trikont, München

Sartre, Jean-Paul *Situationen* (Auswahl aus Situations I–III), 1956, Rowohlt, Reinbek bei Hamburg

Sartre, Jean-Paul, *Kolonialismus und Neokolonialismus*, Sieben Essays, Reinbek bei Hamburg, 1968 (= Situationen V)

rororo aktuell

Herausgegeben von Freimut Duve im Rowohlt Taschenbuch Verlag

Probleme der Dritten Welt

Probleme der Dritten Welt

2008/6a

rororo aktuell

Herausgegeben von Freimut Duve im Rowohlt Taschenbuch Verlag

rororo aktuell Band 5238

Massenarbeitslosigkeit in den Ländern des Nordens, wirtschaftliche Zusammenbrüche in Teilen der Dritten Welt; akute Gefährdung des internationalen Währungssystems, Verschlechterung in den Ost-West-Beziehungen und neuer Rüstungswettlauf: Seit vier Jahren sackt die Weltwirtschaft immer tiefer in die Rezession. In dieser Situation veröffentlichen die Mitglieder der Brandt-Kommission einen dramatischen Appell und fordern ein direktes wirtschafts- und finanzpolitisches Sofortprogramm.

rororo aktuell

Herausgegeben von Freimut Duve im Rowohlt Taschenbuch Verlag

Frauen aktuell

Herausgegeben von
Susanne v. Paczensky

Baumgartner-Karabak, Andrea /
Landesberger, Gisela
Die verkauften Bräute
Türkische Frauen zwischen Kreuzberg
und Anatolien
(4268)

Benard, Cheryl / Schlaffer, Edit
**Die ganz gewöhnliche Gewalt
in der Ehe**
Texte zu einer Soziologie von Macht
und Liebe
(4358)

Bick, Martina
**Warum sollen wir Dicken
uns dünne machen?**
Klage gegen den Schlankheitsterror
(4729)

Block, Irene / Enders, Uta /
Müller, Susanne
Das unsichtbare Tagwerk
Mütter erforschen ihren Alltag
(4828)

Brechmann, Theresia
Jede dritte Frau
Protokoll einer Vergewaltigung
(4930)

Cramon-Daiber, Birgit/
Jaeckel, Monika u. a.
Schwesternstreit
Von den heimlichen und unheimlichen
Auseinandersetzungen zwischen Frauen
(5120)

Edding, Cornelia
Sie schafft es wie ein Mann
Vom Einbruch in Männerreservate
(Arbeitstitel 5251)

Egidi, Karin / Bürger, Gislind
Das Gefühl der Befriedigung
Was Sexualforscher nicht erfassen können,
sagen die Frauen selbst
(4730)

Einsele, Helga / Rothe, Gisela
Frauen im Strafvollzug
„Auf der Suche nach etwas, das besser
ist als Strafe."
(4855)

Fißler, Karin
**«Sie haben uns einfach
rausgesetzt»**
Wie werden Frauen mit der
Arbeitslosigkeit fertig?
(Arbeitstitel 5244)

Häusler, Ingrid
Kein Kind zum Vorzeigen?
Bericht über eine Behinderung
(4524)

Harrendorf, Julia
Vom Umgang mit dem Sozialstaat
Ein streitbarer Leitfaden
(4841)

Hering, Heide
Weibs-Bilder
Zeugnisse zum öffentlichen Ansehen
der Frau. Ein häßliches Bilderbuch
(4536)

Janssen-Jurreit, Marielouise
**Frauenprogramm – Gegen
Diskriminierung**
Gesetzgebung – Aktionspläne –
Selbsthilfe. Ein Handbuch
(4426)

rororo aktuell

Herausgegeben von Freimut Duve im Rowohlt Taschenbuch Verlag

Frauen aktuell

Herausgegeben von
Susanne v. Paczensky

Kienzle, Birgit
Julie, die Magd
«Ich habe nur ein Recht gehabt,
keines zu haben.»
(5129)

Löw, Angelika
**«Was wird aus uns, wenn keine
sich wehrt?»**
Kolumbien: Die alltäglichen Kämpfe
der Frauen
(4853)

Mamozai, Martha
Herrenmenschen
Frauen im deutschen Kolonialismus
(4959)

Müller-Münch, Ingrid
Die Frauen von Majdanek
Vom zerstörten Leben der Opfer und der
Mörderinnen
(4948)

Novarra, Virginia
**Die Geringschätzung
der weiblichen Arbeitskraft**
Von der Verschwendung der Talente
(4723)

Paczensky, Susanne v. (Hg.)
Frauen und Terror
Versuche, die Beteiligung von
Frauen an Gewalttaten zu erklären
(4277)

Perincioli, Cristina
Die Frauen von Harrisburg
oder «Wir lassen uns die Angst nicht
ausreden»
(4719)

Pro Familia Bremen (Hg.)
**Wir wollen nicht mehr nach
Holland fahren**
Nach der Reform des § 218 –
Betroffene Frauen ziehen Bilanz
(4272)

Randzio-Plath, Christa (Hg.)
**Was geht uns Frauen der
Krieg an?**
(5021)

Scheuer, Lisa
Vom Tode, der nicht stattfand
Theresienstadt, Auschwitz,
Freiberg, Mauthausen.
Eine Frau überlebt.
(5239)

Swientek, Christine
**«Ich habe mein Kind
fortgegeben»**
Die dunkle Seite der Adoption
(5119)

Thiam, Awa
Die Stimme der schwarzen Frau
Vom Leid der Afrikanerinnen
(4840)

Thomas, Carmen (Hg.)
**Die Hausfrauengruppe oder
Wie elf Frauen sich selbst
helfen**
(4359)

Weiss, Ruth
Frauen gegen Apartheid
Zur Geschichte des politischen
Widerstandes von Frauen
(4351)

Wiegmann, Barbelies
Ende der Hausfrauenehe
Plädoyer gegen eine trügerische
Existenzgrundlage
(4530)

Yurtdaş, Barbara
Wo mein Mann zuhause ist...
Tagebuch einer Übersiedlung in die Türkei
(5137)